Der Thälmann-Komplex

AF192240

Der Thälmann-Komplex

Ein politisches Strafverfahren im Spiegel deutsch-deutscher Verhältnisse

Dick de Mildt

Bibliografische Information der Deutschen Nationalbibliothek:
Die Deutsche Nationalbibliothek verzeichnet diese Publikation in der
Deutschen Nationalbibliografie; detaillierte bibliografische Daten sind im
Internet über http://dnb.dnb.de abrufbar.

Lektorat: Katharina Joos
weitere Mitwirkende: Thomas de Mildt

Herstellung und Verlag: BoD – Books on Demand, Norderstedt

ISBN: 978-3-7562-3786-9

Inhaltsverzeichnis

Vorwort 7

1. Das Opfer 10

2. Der Angeklagte 14

3. Der Zeuge 22

4. Die Entlarvung des Knabenschullehrers 26

5. Die Laus im Pelz 32

6. Die unwilligen Jagdhunde der Justiz 36

7. Der Mord, der nie verjährt 43

8. Ablösung des Jägers 49

9. Die Szenographie 53

10. Der Prozess in Krefeld 61

11. Ottos Beteiligung 72

12. Wechselnde Zeugenaussagen 76

13. Die Disqualifizierung des Augenzeugen 82

14. Die Plädoyers 93

15. Das Urteil 98

16. Die Grenzen der freien Beweiswürdigung 104

17. Der Prozess in Düsseldorf 109

18. In dubio pro reo 121

19. Ein bitteres Nachspiel 127

Epilog: Der Thälmann-Komplex und die „Justizwende" 131

Anmerkungen 142

Literaturverzeichnis 156

Personenregister 163

Vorwort

Kurz vor Mitternacht, am 17. August 1944, erreicht eine schwarze Limousine mit Berliner Nummernschild und abgedeckten Scheinwerfern das Eingangstor des Weimarer Konzentrationslagers Buchenwald. Außer dem Fahrer befinden sich im Auto zwei Männer in Zivilkleidung sowie ein Dritter in Häftlingsuniform. Nach Meldung bei der Kommandantur folgt der Wagen dem Weg zum Krematoriumsgelände. Auf dem Hof angekommen, hält das Auto am Eingang des Gebäudes. Die beiden Zivilisten und der Häftling steigen aus und gehen auf die Eingangstür des Krematoriums zu, wobei der Letztere vorangeht. In dem Moment, in dem dieser das von einer Gruppe SS-Männer gebildete Spalier passiert und das Gebäude betreten will, werden plötzlich von hinten drei Schüsse auf ihn abgefeuert. Darauf verschwinden die SS-Männer und die Zivilisten mit ihrem verwundeten Opfer im Krematoriumsgebäude. Kurz danach ertönt noch ein vierter Schuss. Die Leiche des nun verstorbenen Häftlings wird daraufhin mit angezogener Kleidung in einen der hochgeheizten Verbrennungsöfen geschoben. Am nächsten Morgen verbleiben von ihm nur noch ein Haufen Asche und eine verbrannte Taschenuhr, die beim Reinigen des Ofens entdeckt wird.

So endete das Leben des großen deutschen Kommunistenführers Ernst Thälmann. Das heißt, wenn man der wahrscheinlichsten Darstellung seines Todes folgt, denn von Anfang an gab es mehrere von ihnen. Eine davon wurde von den Mördern absichtlich in die Welt geschickt, aber auch die anderen sind, wie wir sehen werden, mit Unstimmigkeiten durchsetzt. Doch bevor wir uns damit beschäftigen, klären wir zunächst einmal die Frage, warum wir uns mehr als 75 Jahre nach dem Ende des Zweiten Weltkriegs immer noch mit ausgerechnet diesem Nazi-Mord auseinandersetzen sollten. An Wahlmöglichkeiten mangelt es schließlich nicht, und man kann sich zu Recht fragen, was gerade den Mord an Ernst Thälmann so besonders macht. Denn Thälmann mag zu seiner Zeit ein renommierter und mächtiger deutscher

Politiker gewesen sein, als Opfer Hitlers aber war er doch nur einer unter Millionen. Und er gehörte bestimmt auch nicht zu den „harmlosesten" von ihnen. Wären die Würfel des politischen Schicksals in der Weimarer Republik anders gefallen, hätte Thälmann Hitler und seine Nationalsozialisten wohl nicht weniger rücksichtslos verfolgt, als sie es mit ihm und seinen Genossen taten. Anders als die meisten von Hitlers Opfern wusste der Kommunistenführer sehr gut, warum die Nazis ihn verhafteten und einsperrten. Und er war sich auch der Möglichkeit bewusst, dass sie ihn ums Leben bringen würden. Schließlich waren Hitler und er Führer von politisch-ideologischen Machtblöcken, die einen Kampf auf Leben und Tod ausfochten, und einer von ihnen musste dabei letztendlich unterliegen. So waren die Regeln der Machtpolitik, über die sich auch der deutsche KPD-Chef keine Illusionen machte. In dieser Hinsicht war Thälmann also in der Tat kein ahnungsloses und „unschuldiges" Opfer Hitlers. Und wenn dies tatsächlich die Betrachtungskriterien wären, dann hätte er gegen die massive Konkurrenz bestimmt den Kürzeren gezogen. Dasselbe gilt für die Art und Weise, wie er getötet wurde. Denn seine Hinrichtung mag zwar tückisch gewesen sein, aber sie war immer noch mit Abstand nicht so unvorstellbar grausam wie die Tötungsart der meisten anderen Opfer des Nationalsozialismus.

Das Besondere am Thälmannmord liegt also nicht in der Person des Opfers oder in der an ihm begangenen Straftat, sondern in dem außergewöhnlichen Nachspiel dieses Verbrechens. Ein Nachspiel, das erst 44 Jahre später mit einem Urteil des Düsseldorfer Gerichts gegen einen seiner mutmaßlichen Mörder sein endgültiges Ende finden sollte. Es ist der schleppende und in mancher Hinsicht umstrittene Verlauf der justiziellen Reaktion auf den Thälmannmord, der seine Verfahrens- geschichte so faszinierend macht. Denn sie führt hinein ins Labyrinth der juristisch-historischen Wahrheitsfindung in einem von politischen Sensibilitäten und ideologischen Gegensätzen schwer geprägten Strafverfahren, das in Ost- und Westdeutschland die Gemüter jahrzehntelang erregte. Und so ist der „Thälmann-Komplex" weit mehr als nur die Geschichte eines bemerkenswerten strafrechtlichen Kasus. Er ist zugleich ein besonderes Kapitel in der Geschichte der mühsamen deutsch-deutschen Koexistenz und des damit verbundenen unterschiedlichen Umgangs mit der gemeinsamen NS-Vergangenheit.

1. Das Opfer

Über das Leben und Wirken des Weimarer Kommunistenführers Ernst Thälmann wurde selbstverständlich vor allem in der DDR viel geschrieben. Während des vierzigjährigen Bestehens der ostdeutschen Republik erschienen dort acht maßgebende Monografien, und daneben war er Hauptthema unzähliger Aufsätze, biografischer Skizzen, Dokumentarfilme usw.[1] Paradoxerweise wird man in diesem Buch aber wenig über seine Person und seine Bedeutung als politischer Führer erfahren. Obwohl er als Opfer immer im Zentrum des beschriebenen Strafverfahrens steht, bleibt der eigentliche Thälmann hinter den historischen Kulissen. Und was seine Biografie angeht, beschränken wir uns hier vor allem auf die äußerst kurze Skizze der Richter, die sich mehr als vierzig Jahre nach seinem Tod mit seinem Fall befassten.[2]

Ernst Thälmann wurde am 16. April 1886 in Hamburg geboren. Als siebzehnjähriger Hafenarbeiter trat er der Sozialdemokratischen Partei (SPD) bei. Im Jahr 1918 wechselte er zur radikaleren Abspaltung, der Unabhängigen Sozialdemokratischen Partei Deutschlands (USPD), und wurde im folgenden Jahr zum Parteivorsitzenden ihrer Hamburger Abteilung sowie zum Abgeordneten der Hamburger Bürgerschaft gewählt. Kurze Zeit später schloss er sich mit dem linken Flügel der USPD den Kommunisten an und wurde 1924 Parteivorsitzender und gleichzeitig Mitglied des deutschen Reichstags. Nach dem Tod von Friedrich Ebert bewarb sich Thälmann 1925 um das Amt des Reichspräsidenten. Sein Festhalten an der von Anfang an aussichtslosen Kandidatur war einer der Hauptgründe für den Sieg Hindenburgs über den Kandidaten der Weimarer Koalition, den Zentrumspolitiker Wilhelm Marx.[3] Sechs Jahre später, 1932, folgte ein zweiter Versuch; diesmal trat neben dem alten Hindenburg auch der Führer der Nationalsozialisten, Adolf Hitler, gegen ihn an. Thälmanns Wahlspruch ließ an Deutlichkeit wenig zu wünschen übrig: „Wer Hindenburg wählt, wählt Hitler, und wer Hitler wählt, wählt den Krieg!" Doch sein prophetischer Blick nutzte ihm nichts: Im zweiten Wahlgang, am 10. April, wurde er von beiden vernichtend geschlagen.[4]

Nachdem sein nationalsozialistischer Gegner neun Monate später zum Reichskanzler aufgestiegen war, blieb Thälmann nur noch eine kurze Zeit in Freiheit. Bereits eine Woche nach der sogenannten Reichstagsbrandverordnung „Zur Abwehr kommunistischer staatsgefährdender Gewaltakte" vom 28. Februar 1933 wurde er verraten und in seiner Unterkunft in der Berliner Lützowstraße 9 verhaftet.[5] Er wurde in das Polizeigefängnis am Alexanderplatz überstellt und wegen Hochverrats angeklagt. Nach dem für die Nazis katastrophal verlaufenen „Reichstagsbrandprozess" wagten sie es aber nicht mehr, den populären Kommunistenführer vor Gericht zu bringen, und nach einiger Zeit wurde der gegen ihn gerichtete Haftbefehl aufgehoben. Statt einer Freilassung folgte jedoch die „Schutzhaft". Anders als üblich bei dieser polizeilichen Vorbeugehaft kam Thälmann aber nicht ins KZ, sondern verblieb auf Befehl Hitlers die Jahre hindurch im Gefängnis. Der Kontakt mit der Außenwelt und, über Geheimkuriere, mit der Parteiführung und mit Moskau erfolgte über Thälmanns Frau Rosa, die ihn Jahr für Jahr treu besuchte und sich unermüdlich für seine Freilassung einsetzte. Nach einiger Zeit wurde ihr jedoch klar, dass Stalin und dem KPD-Gipfel im Moskauer Exil der propagandistische Wert ihres Mannes als Gefangener Hitlers wichtiger war als sein persönliches Schicksal und die internationalen Bemühungen um seine Freilassung. Als mit dem Abkommen zwischen Hitler und Stalin im August 1939 die Chancen auf seine Freilassung stark zunahmen, schwieg es aus Moskau und auch seine führenden Parteigenossen – unter ihnen der spätere SED-Chef Walter Ulbricht – machten für ihn keinen Finger krumm.[6]

Und so blieb Thälmann der Willkür Hitlers ausgeliefert. Dieser war seinem ausgeschalteten Gegner übrigens lange Zeit nicht allzu böse gesinnt und zog sogar seine Freilassung in Betracht. Doch mit den schwindenden Erfolgschancen seines militärischen Abenteuers verschlechterten sich auch die Perspektiven für Thälmann, und dieser war sich dessen sehr bewusst, wie seine Äußerungen gegenüber einem Mitgefangenen Anfang 1944 zeigten:

> Wird man mich so ohne weiteres aus der Kerkerverbannung wieder in die große Welt zurückkehren lassen? Nein! Freiwillig ganz bestimmt nicht. Es besteht sogar die Wahrscheinlichkeit [...], dass bei einem für Deutschland gefahrvollen Vordringen der Sowjetarmeen und im Zusammenhang mit der damit verbundenen Verschlechterung der deutschen Gesamtkriegslage das nationalsozialistische Regime [...] nicht davor zurückschrecken [wird], Thälmann vorzeitig beiseite zu schaffen oder aber für immer zu erledigen [...][7]

Das Attentat vom 20. Juli 1944 und die daraus resultierende Paranoia Hitlers sogar seinen bereits inhaftierten Opponenten gegenüber besiegelte schließlich das Schicksal des Kommunistenführers. Am 14. August meldete sich SS-Chef Heinrich Himmler in der „Wolfsschanze" zu einem Treffen mit Hitler. Dabei machte sich der SS-Chef über die Ergebnisse einige Notizen, die erhalten geblieben sind. Unter Nummer 12 stand „Thälmann" und dahinter in Himmlers Handschrift: „ist zu exekutieren." Wenige Tage später wurde Thälmann von der Gestapo in Bautzen[8] aus seiner Zelle geholt, abgeführt und in Buchenwald getötet.

Wegen seines weltweiten Ruhmes und seines enormen symbolischen Wertes als Deutschlands Kommunistenführer und langjähriger Gefangener Hitlers wollten die Nazis jedoch die öffentliche Verantwortung für die Hinrichtung Thälmanns nicht übernehmen und schoben die Schuld für seinen Tod auf den Feind. Die wiederholten alliierten Luftangriffe boten ihnen die Gelegenheit dazu. Am 24. August bombardierten amerikanische Flugzeuge die Industrieanlagen in der Gegend von Buchenwald. Einige Bomben landeten auch im Lager selbst. Betroffen waren unter anderem die Unterkünfte der sogenannten prominenten Buchenwald-Häftlinge. Dazu gehörten neben dem ehemaligen sozialistischen Premierminister Frankreichs Léon Blum und dem belgischen Trotzkisten Ernest Mandel auch der SPD-Reichstagsabgeordnete Rudolf Breitscheid mit seiner Frau und die italienische Königstochter, Prinzessin Mafalda von Hessen. Breitscheid und von Hessen wurden Opfer der amerikanischen Bomben. Das NSDAP-Parteiblatt *Völkischer Beobachter*, das über den Bombenanschlag am 15. September berichtete, fügte ein weiteres Opfer hinzu: Ernst Thälmann. In Kreisen der illegalen Lagerorganisation – bestehend aus erfahrenen und gut informierten kommunistischen Häftlingen – wurde diese Version von Thälmanns Tod bald in das Reich der Fabeln verwiesen, aber auch unter der Lager-SS und selbst außerhalb Buchenwalds gab es solche, die die Geschichte sofort anzweifelten.[9] Dennoch ordnete Kommandant Pister an, dass Thälmann als Opfer des alliierten Bombardements in das Standesamtregister von Weimar – von dem sich eine besondere Abteilung im Lager befand – eingetragen werden sollte. Das wurde vom zuständigen Standesbeamten – wie er selbst Jahrzehnte später vor Gericht angab – mit der Begründung abgelehnt, dass der Kommunistenführer nie in Buchenwald registriert worden sei und ihm nicht die vollständigen Personalien des Opfers zur Verfügung stünden. Und so verhinderten bürokratische Sensibilitäten eine formale Dokumentation.[10]

Dass der Mord an Ernst Thälmann nicht ungestraft bleiben durfte, stand nach der deutschen Kapitulation vor allem für die Antifaschisten in der Sowjetzone außer Frage. Drei Tage vor der Eröffnung des großen amerikanischen „Buchenwald-Prozesses" im ehemaligen Konzentrationslager Dachau am 11. April 1947 appellierten KPD-Chef Wilhelm Pieck und SPD-Chef Otto Grotewohl im Namen der „Sozialistischen Einheitspartei Deutschlands" (SED) an das amerikanische Militärgericht, Thälmanns Mörder nicht ungeschoren davonkommen zu lassen. Unter den Mördern, die Pieck und Grotewohl auf ihrer Liste hatten, war ein gewisser SS-Oberscharführer Otto.[11]

2. Der Angeklagte

Wolfgang Otto, geboren am 23. August 1911 im oberschlesischen Eichenau bei Kattowitz, wollte gar nicht werden, was er schließlich doch wurde: ein Kriegsverbrecher. Wie sein 1930 verstorbener Vater erstrebte er den Beruf des Lehrers.[12] Nach dem Abschluss eines humanistischen Gymnasiums schrieb er sich im März 1933 an der Hochschule für Lehrerbildung in Beuthen ein. Wegen der übermäßig großen Zahl von Anträgen wurde er aber zunächst abgelehnt. Um seine Chancen in einem zweiten Versuch zu erhöhen, riet ihm der Rektor, seine Dienstpflicht abzuleisten und sich bei der SS zu melden. Dies geschah und Wolfgang Otto wurde im November 1933 Mitglied der sogenannten Motor-SS. Die Initiative wurde in der Tat prompt belohnt: Im Mai 1934 konnte er seine Lehrerausbildung beginnen. Die Entscheidung für die motorisierte Unterabteilung der Allgemeinen SS scheint für Wolfgang übrigens vor allem eine Praktische gewesen zu sein. Einerseits verbesserten sich seine Aussichten auf Zulassung zu der von ihm gewünschten Ausbildung; andererseits war die Motor-SS seiner Meinung nach ein etwas exklusiverer Klub, dem auch einige seiner Schulkameraden angehörten und dessen Aktivitäten nicht allzu sehr seine Zeit in Anspruch nahmen. Für die Ideologie der Nazis interessierte er sich nach seinen späteren Angaben nicht. Sein Vater war immer ein Anhänger der katholischen Zentrumspartei gewesen, und er selbst hatte wenig Interesse an Politik. Er war und blieb jedoch die Jahre hindurch ein begeisterter Katholik und besuchte, wann immer möglich, die Kirche, wo er mit Vorliebe Orgel spielte. Alles in allem Leidenschaften, die innerhalb der antiklerikalen SS wenig geschätzt wurden. Anders als viele seiner Kameraden weigerte sich Otto auch, seine Kirchenmitgliedschaft aufzugeben. Dies kostete ihn – wiederum nach eigenen Angaben – den Zugang zu den Offiziersrängen. Obwohl er alle Voraussetzungen erfüllte, wurde sein Antrag auf Aufnahme in den Führerlehrgang abgelehnt.

Am 6. März 1936 schloss Otto erfolgreich die Lehrerausbildung ab und wurde im folgenden Jahr an eine Grundschule in dem kleinen Ort Bauschdorf, etwa zwanzig Kilometer unterhalb von Breslau, angenommen. Im gleichen Jahr trat er der NSDAP und auch dem Nationalsozialistischen Lehrerbund bei. Im Jahr 1938 heiratete er, und aus dieser Ehe gingen schließlich drei Kinder hervor. Neben seiner Arbeit als Lehrer war Otto einmal wöchentlich in der SS tätig, was ihm den Dienstgrad eines Rottenführers einbrachte. Kurz vor Ausbruch des Krieges wurde ihm mitgeteilt, dass er als sogenannter Reservist bei der SS einberufen werden würde. Am 1. September 1939 musste er sich in einem Sammellager in Oppeln melden. Er wurde noch am selben Tag nach Weimar versetzt, von wo er direkt in das Konzentrationslager Buchenwald geschickt wurde. Hier wurde Otto den Wachtruppen zugewiesen und – wie alle Reservisten – dienstrangmäßig auf SS-Mann zurückgestuft. Seine Tätigkeit in Buchenwald beschränkte sich zunächst auf Posten- und Wachturmdienst. Im August 1940 wurde er zum Sturmmann befördert und im November desselben Jahres hatte er bereits seinen alten Rang als Rottenführer wieder erreicht.

Es zeigte sich schnell, dass Otto wesentlich klüger war als die meisten seiner Kameraden, und es dauerte nicht lange, bis ihm die Verwaltung des Wachbataillons übertragen wurde. Im November 1941 wurde er in die Koordinierungsstelle des Konzentrationslagers, die Kommandantur, versetzt, wo er in der Verwaltungsabteilung eingesetzt wurde. Im Sommer 1943 promovierte er zum Leiter dieser Abteilung und wurde als sogenannter Spieß die administrative rechte Hand des Lagerkommandanten Hermann Pister. Damit erhielt Otto eine zentrale Verwaltungsfunktion innerhalb der Lagerleitung und war für die gesamte Verwaltung von Buchenwald sowie für die Kontakte des Lagers mit externen Stellen zuständig. Im November 1943 wurde er zum Oberscharführer befördert und mit dem Kriegsverdienstkreuz zweiter Klasse ausgezeichnet. Bis Kriegsende übte er seine Funktion als Leiter der Lagerverwaltung zur vollen Zufriedenheit des Kommandanten Pister aus.

Am 11. April 1945, kurz vor dem Eintreffen der amerikanischen Truppen, verließen Pister und seine Männer das Lager. In einer SS-Uniform ohne Rangzeichen und mit gefälschten Papieren gelang es Otto, die amerikanischen Militärkontrollpunkte ohne allzu große Mühe zu passieren und zu seiner Familie nach Weimar zurückzukehren. Da er aber keinen anderen Ausweg sah und meinte, er habe nichts zu verbergen, meldete er sich am 20. Juni im Büro des amerikanischen Militärgeheimdienstes (CIC) in Weimar. Die Amerikaner verhafteten ihn sofort und internierten ihn als mutmaßlichen Kriegsverbrecher, zunächst in Buchenwald und später im ehemaligen Konzentrationslager Dachau. Im Februar 1947 wurde er in den Arrestbunker des Internierungslagers verlegt. Dort traf er viele seiner alten Kameraden, die auf ihren Prozess warteten. Am 11. April eröffnete das amerikanische Militärtribunal in Dachau den Prozess gegen Josias Prinz zu Waldeck und dreißig Mitangeklagte, darunter auch Otto.[13]

Waldeck et al. wurden wegen Verbrechen angeklagt, die in Buchenwald gegen Mitglieder der alliierten Koalition „und andere nichtdeutsche Bürger" begangen wurden.[14] Der explizite Ausschluss deutscher Opfer in dieser Anklageschrift machte deutlich, dass es den Amerikanern nicht um einen umfassenden Umgang mit den in Buchenwald praktizierten Naziverbrechen ging, sondern nur um einen Teil davon: die im Lager begangenen Kriegsverbrechen. Die Verbrechen der Nazis an ihren eigenen deutschen Landsleuten gehörten nicht dazu und waren daher auch nicht Teil des amerikanischen Strafverfolgungsprogramms.[15] Dennoch erhielten die am Tod des deutschen Kommunistenführers beteiligten Personen, die von Pieck und Grotewohl in ihrem Plädoyer an das Tribunal zitiert worden waren, hohe Strafen für ihre Beteiligung an einer Vielzahl von Kriegsverbrechen. Lagerkommandant Hermann Pister, sein Adjutant Hans Schmidt, Schutzhaftlagerführer Max Schobert und der Leiter des Krematoriums, Hermann Helbig, wurden alle zum Tode verurteilt. Otto selbst entkam der Todesstrafe und wurde zu zwanzig Jahren Haft verurteilt.

Alle fünf wurden vom Gericht (unter anderem) für die vom Reichssicherheitshauptamt (RSHA) in Buchenwald angeordneten Hinrichtungen verantwortlich gemacht, darunter die von Tausenden von polnischen und russischen Kriegsgefangenen. Letztere – oft sogenannte politische Kommissare der Roten Armee – wurden ab Herbst 1941 in Lagern wie Buchenwald und Sachsenhausen systematisch hingemordet. Hintergrund dieser Vernichtungsaktionen war der sogenannte Kommissarbefehl vom 6. Juni 1941. Diese „Richtlinien für die Behandlung politischer Kommissare", wie der Befehl offiziell genannt wurde, wurden vom Oberkommando der Wehrmacht am Vorabend des Angriffs auf die Sowjetunion herausgegeben und an die verschiedenen Truppenteile gerichtet. Tatsächlich bedeuteten die Direktiven nichts weniger als ein allgemeines Todesurteil für alle sowjetischen politischen Offiziere, die in die Hände der Deutschen fielen: „Diese Kommissare werden nicht als Soldaten anerkannt", wie es im Kommissarbefehl hieß. Und: „Der für Kriegsgefangene völkerrechtlich geltende Schutz findet auf sie keine Anwendung. Sie sind nach durchgeführter Absonderung zu erledigen."[16]

In Buchenwald fand die vom RSHA orchestrierte „Sonderbehandlung" der russischen Offiziere zunächst in einem Steinbruch auf dem SS-Industriegelände statt. Da der Umfang der Transporte mit den zu exekutierenden Offizieren bald erheblich zunahm, wurde auf einen umgebauten Pferdestall zurückgegriffen. Es gab dort einen Umkleideraum, in den die mit Lastwagen angelieferten Russen in Gruppen geführt und angewiesen wurden, sich für eine medizinische Untersuchung auszuziehen. Anschließend wurden die Russen einzeln von einem SS-Mann abgeholt und durch eine schalldichte Tür und einen Korridor in den sogenannten Untersuchungsraum gebracht, der wiederum mit einer schalldichten Eingangstür versehen war. Im hell erleuchteten Untersuchungsraum befanden sich zwei Tische mit verschiedenen medizinischen Instrumenten, während die Wände anatomische Abbildungen des menschlichen Körpers zeigten. Außerdem warteten einige SS-Leute, die mit weißen Arztkitteln verkleidet waren, um die Opfer zu täuschen. Um die Täuschung zu perfektionieren, wurde jeder hereingeführte russische Offizier einer kurzen „Untersuchung" der Zähne, des Herzens und der Lunge unterzogen. Dann wurde er angewiesen, sich vor eine an der Wand befindliche Messlatte zu stellen. Diese befand sich in einer Nische des Untersuchungsraumes. Deren Boden bestand aus einem Metallgitter, darunter war ein Abfluss. Die Messlatte war an der Rückwand angebracht. Auf einer Höhe von einem bis zwei Metern gab es darin einen offenen Schlitz von etwa fünf bis sieben Zentimetern Breite. Dahinter befand sich ein kleiner unbeleuchteter Raum, in dem sich zwei SS-Männer aufhielten. Als das ahnungslose Opfer mit dem Rücken gegen die Messlatte stand, gab der SS-Offizier, der die „Messung" vornahm, einen Tritt gegen die Wand als Zeichen dafür, dass alles für die Hinrichtung bereit war. Einer der SS-Männer im Raum hinter der Messlatte tötete dann das Opfer mit einem Schuss in den Nacken durch den Schlitz. Der Tote wurde darauf in großer Eile von zwei Häftlingen des Krematoriumskommandos entfernt und auf einen vor dem Gebäude wartenden Lastwagen geworfen. In der Zwischenzeit wurde der Boden des Untersuchungsraums rasch gereinigt und von allen Spuren der Hinrichtung befreit, woraufhin das nächste Opfer abgeholt wurde.

Auf diese Weise wurde bei jeder Liquidierungsaktion im Pferdestall von Buchenwald etwa alle drei Minuten ein russischer Offizier hingerichtet. Um zu verhindern, dass der Lärm der Schüsse die anderen im Umkleideraum wartenden Russen erreichte und dadurch Unruhe verursachte, wurde in diesem Raum über Lautsprecher mithilfe eines Grammophons oder Radios laute Musik gespielt. Sobald der draußen wartende Lastwagen mit Leichen gefüllt war, wurde er zum Lagerkrematorium gefahren, wo die Leichen entladen und dann in den Öfen verbrannt wurden. Ursprünglich hinterließ der Lastwagen eine auffällige Blutspur, aber nachdem man ihn mit einer Blechwanne ausgerüstet hatte, war auch dieses Tarnproblem gelöst. Die Mitglieder des Hinrichtungskommandos – nach der Nummer des Telefonanschlusses im Pferdestall auch „Kommando 99" genannt – wurden anschließend mit Sonderrationen Brot, Wurst, Zigaretten und Alkohol belohnt und nach einiger Zeit mit dem Kriegsverdienstkreuz zweiter Klasse ausgezeichnet.

Etwa ab Jahreswende 1943/44 wurde der Pferdestall als Hinrichtungsstätte durch den Keller des Krematoriums ersetzt. Damit änderte sich auch die Ausführungsmethode. Von nun an wurden die Opfer nicht mehr durch Genickschuss, sondern durch Strangulation getötet. Sie wurden mit hinter ihrem Rücken gefesselten Händen und einem Strick um den Hals an Haken aufgehängt, die an der Wand in einer Höhe weit über Körpergröße angebracht waren. Normalerweise dauerte es nach den Feststellungen des amerikanischen Tribunals zwischen 35 und 40 Minuten, bis der Tod bei dieser Art der Hinrichtung eintrat. Der Zeuge Ulrich Osche, der als politischer Häftling im Sektionszimmer des Krematoriums beschäftigt war, schilderte 1962 in einem Verhör vor der deutschen Justiz seine Eindrücke von dieser Hinrichtungsmethode:

Eines Nachmittags, im Sommer 1944, kam der [...] Standortzahnarzt zu mir in den Sektionsraum und forderte mich auf, Zahnziehzangen aus dem Instrumentenschrank zu nehmen und mit ihm zu kommen. Er ging mit mir in den Keller des Krematoriums, in dem sich mir ein entsetzlicher Anblick bot. Rundherum an den Wänden und an den Zwischenträgern hingen und röchelten ungefähr 40 sowjetische Kriegsgefangene an in die Wand eingeschlagenen Haken. Auf dem Boden lag noch einmal ungefähr dieselbe Anzahl sowjetischer Kriegsgefangener, die meist völlig entkleidet waren. Der Zahnarzt verlangte, dass ich die Gebisse nachsehe und Goldkronen oder Brücken herausziehe. Als wir an einen Gefangenen kamen, der noch Lebenszeichen von sich gab, wurde dieser nochmals von Warnstedt und Stobbe an einem der Haken aufgehängt. Währenddessen wurden auch die an den Wänden hängenden sowjetischen Kriegsgefangenen von Müller und Rohde von den Haken abgenommen, und ich musste auch ihnen die Zähne nachsehen. Danach musste ich den Raum wieder verlassen, und kurz darauf kam der Kapo Müller zu mir und warnte mich, über das zu sprechen, was ich gesehen hätte.[17]

Im Hinblick auf Ottos Rolle bei diesen Hinrichtungen stellten die Amerikaner 1947 fest, dass er als Stabsscharführer für das Kommando 99 mitverantwortlich gewesen war:

Zwei Zeugen bekundeten, dass der Angeklagte als Stabsscharführer die Tätigkeit des Kommandos „99" leitete. Ein dritter Zeuge sagte aus, dass der Angeklagte in der Zeit von 1943 bis 1945 ungefähr fünfmal als Schütze in einem Exekutionskommando Dienst tat. In seiner eigenen Aussage gab der Angeklagte zu, dass er an ungefähr 50 Exekutionen teilgenommen habe und bei der Exekution von ungefähr 200 ausländischen Häftlingen zugegen war. Er nahm an einigen Exekutionen als Protokollführer teil. Bei den Opfern kam ungefähr 1 deutscher Häftling auf 9 ausländische. Die ausländischen Häftlinge kamen meist aus östlichen Ländern. Im Jahre 1943 oder 1944 war der Angeklagte Protokollführer bei der Erhängung von 21 polnischen Häftlingen (Offiziere). Der Angeklagte Nr. 25 [= Hans Schmidt, DdM] sagte aus, dass dieser Angeklagte 1943 bei der Exekution von 20 russischen Kriegsgefangenen durch das Kommando „99" im Pferdestall zugegen war. Der Angeklagte selbst sagte aus, dass er als Stabsscharführer der Kommandantur keine Befehlsgewalt über Häftlinge hatte. Er musste als Protokollführer bei Exekutionen dabei sein. In dieser Eigenschaft nahm er an 35-50 Exekutionen teil. Seine Aufgabe war es, diejenigen zu benachrichtigen, die daran teilnehmen mussten, und die Vorgänge zu protokollieren. Bei den exekutierten Personen handelte es sich nicht um Häftlinge aus Buchenwald. Es waren Kriminelle, die von draußen, aus dem Zivilleben kamen. Die den Opfern vorgelesenen Exekutionsanordnungen bezogen sich auf Mord, Raub (auch Notzucht) und Sabotage. Der Angeklagte tat bei verschiedenen Exekutionskommandos Dienst als Schütze. Er gab bei verschiedenen Gelegenheiten Schnaps, Zigaretten und Wurst an die Mitglieder von Exekutionskommandos aus. Der Angeklagte sagte ferner aus, dass er einmal bei einer Exekution durch das Kommando „99" nur zugegen war, ohne dass er dort eine dienstliche Aufgabe zu erfüllen gehabt hätte.[18]

Das US-Tribunal verurteilte Otto am 14. August 1947 für seine Beteiligung an den Morden in Buchenwald zu zwanzig Jahren Gefängnis.

Zusammen mit den anderen vierzehnhundert Verurteilten der Dachauer Prozesse wurde er in dem Gefängnis inhaftiert, in dem Adolf Hitler 23 Jahre zuvor eingesperrt gewesen war: Kriegsverbrechergefängnis Nr. 1 in Landsberg.

3. Der Zeuge

Obwohl der Mord an Ernst Thälmann im amerikanischen Buchenwald-Prozess keine Rolle spielte, blieb er den Amerikanern nicht unbekannt. Am 21. April 1947 verfasste der Pole Marian Zgoda, ehemaliger Häftling aus Buchenwald und Mitglied des Krematoriumskommandos, vor Gericht einen Augenzeugenbericht darüber. Bereits am nächsten Tag stand seine Geschichte in der *Frankfurter Rundschau* unter dem Titel „Ernst Thälmann wurde erschossen und verbrannt":

> Am 17. August wurde ein telefonischer Befehl gegeben, die Öfen des Krematoriums anzufeuern. Ich habe mich hinter einem Schlackenhaufen verborgen und beobachtet, wie acht SS-Unterführer, darunter der SS-Stabsscharführer Otto und der Rapportführer Hofschulte, um 24 Uhr das Krematorium betraten. Um 0 Uhr 10 Minuten kam ein großer Personenwagen, dem drei Zivilisten entstiegen, von denen zwei offensichtlich den in der Mitte Gehenden bewachten. Ich konnte vier Schüsse hören und nach etwa 25 Minuten verließen die SS-Unterführer das Krematorium. Dabei sagte Hofschulte zu Otto: „Weißt Du, wer das war?" Otto antwortete: „Das war der Kommunistenführer Thälmann."[19]

Noch während des Prozesses verfasste der amerikanische Ermittlungsbeamte Joe Kirschbaum einen schriftlichen Bericht über eine detailliertere Erklärung. Dieser wurde von Zgoda unterzeichnet und wird wegen seiner Bedeutung für das Kommende hier wörtlich wiedergegeben.

> Mord an Ernst Thälmann
> Heute weiss die Welt, dass Ernst Thälmann nicht, wie die Göbbels-Propaganda mitteilte, einem Luftangriff zum Opfer fiel, sondern am 17. 08. 1944 ermordet wurde.
> In Dachau befinden sich noch 850 SS-Leute, die zu irgendeinem Zeitpunkt einmal in Buchenwald gewesen sind.

Aussage des Marian Zgoda, München, Melusinenplatz 1, früher Leichenträger im Krema.

Am 17.08.44 kam nachmittags ein Telefongespräch auf der Zentrale Kl/Bu., dass die Öfen vorzubereiten sind, da eine Einlieferung aus Hannover gemeldet sei. Das Gespräch wurde von Oberscharführer Warnstedt abgenommen. W. sprach dann mit Unterscharführer Stoppe und hat diese Meldung an die Häftlinge weitergegeben. Bis 16.00 Uhr war noch keine Leiche eingeliefert worden. Die Atmosphäre wurde immer kritischer und spannender, da auch um 18.00 Uhr noch nichts geschah. Kurz darauf kam[en] der Rapportführer Hofschulte und der Stabsscharführer Otto und nahmen kurze Rücksprache mit den beiden Kommandoführern.

Etwa 20.00 Uhr wurden die Häftlinge eingeschlossen in den Unterkünften des Krema. Der Kapo Jupp Müller gab Anweisung, dass keiner die Wohnräume zu verlassen hätte. Auch Müller und Heinz Rohde (Heizer) hatten von den Kommandoführern entsprechende Anweisungen erhalten. Der Leichenträger Zgoda verliess durch den Luftschacht dennoch seine Unterkunft und gelangte auf den Hof des Krema. Hinter einem Schlackehaufen verbarg er sich. Dort lag Zgoda bis 24.00 Uhr und beobachtete, wie folgende Personen nach und nach das Krema. betraten: Stabsscharführer Otto und Adjutant Schmidt, Lagerführer Obersturmführer Gust, Lagerarzt Schidlausky, Rapportführer Hofschulte, Oberscharführer Berger (Effektenkammer-Geldverwaltung), Kommandoführer Warnstedt und Stoppe vom Krema. Diese SS-Leute hielten sich im Büro des Kremas auf, das sie öfters verliessen, um nach einem offensichtlich erwarteten Transport Ausschau zu halten. Ausserdem klingelte mehrfach das Telefon.

0.10 Uhr kamen die beiden Kommandoführer des Kremas heraus und öffneten das Tor des Kremahofes, um einen grossen Personenwagen einzulassen. Dem Wagen entstiegen drei Zivilisten, von denen offensichtlich zwei den dritten, der in der Mitte ging, bewachten. Den Gefangenen sah ich nur von hinten. Er war gross, breitschultrig und hatte eine Glatze. Ich konnte das bemerken, da er keinen Hut trug. Inzwischen waren auch die übrigen SS-Leute auf den Hof gekommen und flankierten die Eingangstür des Krema. Die beiden Zivilisten liessen ihren Gefangenen vorgehen. In dem Augenblick, wo er das SS-Spalier passiert hatte und das Krema betrat[,] fielen vom Hof aus hinter ihm her drei Schüsse. Anschliessend begaben sich alle SS-Leute und die beiden Zivilisten in das Krema und schlossen die Tür hinter sich. Etwa 3 Minuten später fiel ein vierter Schuss im Krema. Offensichtlich war es der übliche Gnadenschuss.

20 bis 25 Minuten später verliessen die Unterführer das Krema. Dabei sagte Hofschulte zu Otto: „Weisst du wer das war?" Otto antwortete: „Das war der Kommunistenführer Thälmann." Kurz darauf verliessen die beiden Zivilisten mit Schmidt, Schidlausky und Gust das Krema. Warnstedt und Stoppe schlossen hinter ihnen das Tor von innen. Ich (Zgoda) begab mich auf demselben Wege wieder in meine Unterkunft. Von dort hörte ich, ohne es sehen zu können, wie Koks in die Kübel gefüllt wurde. Normalerweise erledigten diese Arbeit Müller und Rohde. In diesem Fall kann ich nicht sagen, ob es sie oder die SS-Leute waren.

Am anderen Morgen, dem 18.08.44[,] beim Säubern der Öfen und beim Ziehen der Asche konnten wir nur eine ausgeglühte Taschenuhr finden. Aus der Farbe der Asche war zu schliessen, dass der Tote mit allen Kleidungsstücken verbrannt worden war. Im allgemeinen ist die Asche weiss und nur wenn die Kleider mitverbrannt werden ist sie dunkler. Die Asche wurde besonders aufbewahrt. Müller wird dazu besondere Anweisung bekommen haben. Am Abend des 18.08. berichtete ich Ernst Busse über diese Angelegenheit.

Zu den vorstehenden Angaben ist zu bemerken, dass eine Meldung vorliegt, wonach am 17.08.44 drei PKWs von Bautzen aus mit Thälmann nachmittags abgefahren sind (Mitteilung Harry Kuhn aus Berlin).[20]

Zgodas detaillierte Schilderung der Ermordung Thälmanns war für Otto und die anderen erwähnten SS-Männer äußerst belastend, und der Journalist, der im April 1947 seine Geschichte für die *Frankfurter Rundschau* aufzeichnete, fragte sich daher, „wann die amerikanischen Strafverfolgungsbehörden diesen Fall den deutschen Gerichten zur Verhandlung übergeben werden."[21] So weit würde es nie kommen, aber der Fall kam auf andere Weise schließlich doch ins Rollen.

Der in Zgodas Aussage erwähnte Häftling Ernst Busse, ein prominentes Mitglied des illegalen Lagerkomitees der Buchenwald-Häftlinge und inzwischen Innenminister in Thüringen, unternahm frühzeitige Versuche, die Verdächtigen des Thälmannmordes vor ein deutsches Gericht zu bringen. Die Weimarer Staatsanwaltschaft leitete ein Ermittlungsverfahren ein, und am 6. November 1948 wurde Zgoda in seiner Heimatstadt München von einem Untersuchungsrichter gehört. Am 4. Januar 1949 erließ das Weimarer Gericht auf der Grundlage seiner Aussagen einen Haftbefehl gegen die mutmaßlichen Mörder Thälmanns. Neben Ottos Namen wurden in diesem Haftbefehl auch die von Werner Berger, Hans Schmidt, Walter Warnstedt, Erich Gust und Herbert Stobbe erwähnt. Otto, Schmidt und Berger befanden sich alle drei im Landsberger Gefängnis; der Verbleib von Warnstedt, Gust und Stobbe war damals noch unbekannt. Dieser Haftbefehl war noch in Kraft, als Otto bereits am 6. März 1952 das Gefängnis in Landsberg verlassen durfte. Trotz eines formellen Ersuchens der sowjetischen Kontrollkommission weigerten sich die Amerikaner, ihn an die DDR auszuliefern. Die Zeiten dafür waren längst vorbei.[22]

4. Die Entlarvung des Knabenschullehrers

Wie die meisten seiner Landsberger Kameraden verdankte Wolfgang Otto seine vorzeitige Entlassung den Spannungen, die sich zwischen Ost und West aufgebaut hatten. Der Kalte Krieg und die damit verbundene beschleunigte Einbindung Westdeutschlands in das Bündnis gegen die „kommunistische Gefahr" waren mit einer prinzipiellen und entschiedenen Aufarbeitung der NS-Vergangenheit schwer zu vereinbaren. Und so strömte „Landsberg" unter der Aufsicht des amerikanischen Hochkommissars für Deutschland, John McCloy, in den frühen 1950er-Jahren leer. Unter den Begünstigten dieser politischen Amnestie war auch Otto. Einige sahen ihn mit Bedauern gehen: „Ich habe ihn als Organist und als Katholik sehr geschätzt", erinnerte sich der Gefängnispfarrer Jahre später an den „liturgisch geschulten" Kriegsverbrecher.[23]

Nach seiner Entlassung konnte Otto endlich in den Beruf zurückkehren, für den er einst ausgebildet worden war und der ihm nach wie vor am Herzen lag: Er wurde Lehrer. Mit seinen drei Kindern zog der Witwer Otto – seine Frau war während seiner Gefangenschaft gestorben – zu seiner Mutter in Straelen nahe der niederländischen Grenze. Im September 1952 – ein halbes Jahr nach seiner Entlassung aus der Haft – meldete er sich beim Kultusministerium des Landes Nordrhein-Westfalen wegen einer Arbeitsstelle. Dabei verschwieg er seine Buchenwald-Vergangenheit nicht. Wohl aber ließ er klugerweise die Details aus:

> 1947 wurde ich von einem amerikanischen Militärgericht wegen Mitgliedschaft in der Allgemeinen SS und Zugehörigkeit zur Wachmannschaft und Schreibstube des Konzentrationslagers Buchenwald zu einer Freiheitsstrafe von 20 Jahren verurteilt.[24]

Anders als die Mitgliedschaft in der kommunistischen Partei, die in jenen Jahren in der Bundesrepublik mit Strafverfolgung und Berufsverbot bestraft wurde, erwies sich eine Karriere wie die des verurteilten Kriegsverbrechers Wolfgang Otto in der nagelneuen westdeutschen Republik keineswegs als gesellschaftliches Hindernis. Obwohl der nordrhein-westfälische sozialistische Regierungspräsident Kurt Baurichter – selbst in den 1930er-Jahren zeitweise KZ-Häftling – Vorbehalte gegen die pädagogische Berufung des Buchenwald-Verwalters hatte, teilte ihm das Innenministerium in Bonn mit, dass es keine Bedenken gegen ihn gebe. Baurichter im Rückblick: „Damit war praktisch die Entscheidung gefallen, dass wir Otto unterbringen mussten."[25]

Untergebracht wurde Otto als Lehrer für Deutsch, Geschichte und, sobald er 1954 vom Bischof von Münster grünes Licht erhalten hatte, auch für Religion an einer Grundschule in der Ortschaft Goch bei Kleve. Nachdem er 1955 wieder geheiratet und im folgenden Jahr einen Sohn bekommen hatte, zog die Familie 1958 nach Geldern, wo Otto seine Lehrtätigkeit an der St.-Michaelis-Knabenschule fortsetzte.[26] Was der ehemalige SS-Stabsscharführer seinen Schülern dort über katholische Nächstenliebe oder die jüngere deutsche Vergangenheit beibrachte, bleibt im Dunkeln. Sicher ist jedenfalls, dass er seine Lektionen nie anhand seiner persönlichen Geschichte veranschaulicht hat. Otto selbst zu diesem prekären Thema: „Das wäre unpädagogisch gewesen; ich habe nur vermittelt, was jeder Deutsche darüber wissen muss." Ebenso sicher ist, dass er von Eltern und auch von Kollegen hoch geschätzt wurde, wie sich der ehemalige Grundschulinspektor und der ehemalige Rektor der Knabenschule in den 1980er-Jahren erinnerten: „Die Eltern und Kollegen an der St. Michael-Knabenschule in Geldern standen immer zu ihm. Er war streng, aber pädagogisch gab es keine Einwände", ein „angenehmer und fleißiger Kollege". Und auch außerhalb der Schule war Otto ein geachtetes Mitglied der Gemeinde und der Kirche, wo einmal mehr sein „edle[r] Stil des Orgelspiels" geschätzt wurde. Die einheimische Ärztin lobte sogar seinen sozialen Charakter, denn Otto hätte ihr immer wieder anvertraut, dass er „so gerne Lehrer an einem Jugendgefängnis" gewesen wäre.[27]

Nichts zu beanstanden also an diesem Musterbürger der jungen Bundesrepublik, so schien es. Bis die westdeutsche Justiz Ende der 1950er-Jahre eine umfassende Untersuchung gegen ehemalige KZ-Wächter einleitete. In diesem Zusammenhang tauchte auch Ottos Name auf, und es wurde eine Voruntersuchung über seine mögliche Beteiligung an der Hinrichtung deutscher Gefangener in Buchenwald eingeleitet. Bei seiner ersten Vernehmung durch die Staatsanwaltschaft in Kleve gestand Otto unumwunden ein, was er den Amerikanern gegenüber bereits eingeräumt, bei der Bewerbung um seine Lehrerstelle aber wohlweislich verschwiegen hatte. So bestätigte er seine Anwesenheit bei „offiziellen Hinrichtungen", seine Rolle als Protokollführer bei etwa 35 Hinrichtungen durch Erhängen im Keller des Buchenwald-Krematoriums, seine achtfache Teilnahme am Hinrichtungskommando im Pferdestall und schließlich seine aktive Rolle bei der Hinrichtung des von dem SS- und Polizeigericht zum Tode verurteilten Lagerkommandanten Karl Koch am 5. April 1945.

Von Kleve wurden die Ermittlungen an die Staatsanwaltschaft Köln verlegt, wo die „Zentralstelle Nordrhein-Westfalen zur Verfolgung von KZ-Massenverbrechen" den Fall übernahm. Am 7. November 1960 wiederholte Otto sein früheres Geständnis vor den Kölner Kriminalbeamten, allerdings mit einem wichtigen Vorbehalt: „In allen Fällen handelte es sich um Ausländer. Jedenfalls bin ich mir nicht bewusst, dass ich im Keller des Krematoriums jemals der Hinrichtung eines Deutschen beigewohnt hätte."[28] Dieser Zusatz war von entscheidender Bedeutung, denn für seine Rolle bei der Hinrichtung von Ausländern – das heißt: dem Mord an den polnischen und russischen Offizieren – konnte er nicht mehr vor Gericht gestellt werden. War er dafür doch bereits von den Amerikanern verurteilt und bestraft worden, und die zwischen der Bundesregierung und den Westalliierten getroffenen Vereinbarungen verhinderten eine Wiederaufnahme des Verfahrens durch ein deutsches Gericht wegen desselben Sachverhalts.[29] So stieß die Kölner Staatsanwaltschaft auf die Abwesenheit *deutscher* Opfer in Ottos krimineller Vergangenheit. Die Tatsache, dass Karl Koch die deutsche Staatsangehörigkeit besaß, war aus strafrechtlicher Sicht nicht relevant, da nach den Maßstäben des deutschen Rechts sein Todesurteil und seine Hinrichtung (und damit Ottos Beteiligung daran) als rechtmäßig angesehen wurden. Im Dezember 1961 meldete die zuständige Staatsanwaltschaft daher das negative Ergebnis der Ermittlungen: Auf einen Haftbefehl gegen Otto wurde verzichtet, weil der Verdacht seiner Beteiligung an Verbrechen, die nicht bereits von den Amerikanern in Dachau verhandelt worden waren, nicht mehr bestand.[30]

Und so kam Otto ohne Probleme aus dem ersten Untersuchungsverfahren der westdeutschen Justizbehörden heraus. Doch damit war sein ruhiges Dasein als Lehrer in Geldern endgültig vorbei. Denn in der Zwischenzeit waren seine Identität und sein Wohnort auch in der DDR festgestellt worden. Diese Auskünfte stammten von dem westdeutschen kommunistischen Zeitungsverleger und ehemaligen Buchenwald-Häftling Willy Landwehr.[31] Im April 1961 wurde Landwehr über die Frage, ob Otto an der Ermordung deutscher Häftlinge beteiligt gewesen sei, von der Kriminalpolizei Osnabrück vernommen. Landwehr selbst hatte im amerikanischen Buchenwald-Prozess als Zeuge ausgesagt und kannte die Aussage von Marian Zgoda über Ottos Beteiligung an der Hinrichtung Thälmanns. Bei seinem Osnabrücker Verhör erfuhr er, dass Otto und SS-Oberscharführer Werner Berger (wegen Teilnahme an den Massenhinrichtungen in Dachau ebenfalls zu lebenslanger Haft verurteilt), inzwischen wieder auf freiem Fuß waren, und er fand auch ihren Aufenthaltsort heraus. Aber Landwehr zögerte, sein Wissen über ihre Rolle im Mordfall Thälmann mit den Osnabrücker Ermittlern zu teilen. Der Grund dafür war, dass er der niedersächsischen Kriminalpolizei nicht vertraute, weil er erfahren hatte, dass der Leiter des Landeskriminalamtes, Dr. Walter Zirpins, an der Liquidierung des Gettos von Lodz beteiligt gewesen sei:

Es ist zu vermuten, dass die Landeskriminalpolizei unter der Leitung von Zirpins auf allen Ebenen mit ehemaligen Gestapo-Leuten durchsetzt ist. Als ehem. Abgeordneten des Niedersächsischen Landtags ist mir u.a. bekannt, dass im Landesamt für Verfassungsschutz mehrere SS-Sturmführer tätig sind.[32]

Was Zirpins betraf, so hatte Landwehr jedenfalls weitgehend Recht. Der ehemalige SS-Obersturmbannführer war im Reichssicherheitshauptamt tätig gewesen und hatte sich als Kripochef sowohl im Getto Lodz als auch im Getto Warschau seine Sporen bei der Verfolgung und Ausplünderung der Juden verdient.[33] Nach dem Krieg wurde er trotz seiner Aufnahme in die polnischen Listen gesuchter Kriegsverbrecher während seiner Entnazifizierung als einer der „Entlasteten" eingestuft und umgehend wieder in die Kriminalpolizei aufgenommen. Im November 1956 hielt Zirpins auf einer Arbeitstagung des Bundeskriminalamtes einen Vortrag über die Qualitäten der kriminalpolizeilichen Ermittlung im Hitlerstaat. Unter anderem sagte er dort seinen Zuhörern Folgendes:

> Dass sich die deutsche Kriminalpolizei trotzdem eine in aller Welt (sogar nach Kriegsende von den Besatzungsmächten) anerkannte verantwortungsvolle Stellung erworben hat, lag an ihrer von Berufsethos getragenen Erkenntnis von den zwingenden Notwendigkeiten einer modernen Verbrechensbekämpfung und an der von ihr stets im Gedanken an Rechtsbewusstsein, Selbstverantwortung und Achtung vor der Menschenwürde entwickelten modernen Bekämpfungsweise.[34]

Wie viel Respekt Zirpins selbst während seiner Zeit als Lodzer Kripochef vor der Menschenwürde aufbrachte, kann in der Fachzeitschrift *Kriminalistik* vom September 1941 nachgelesen werden, in der er einen Artikel mit dem Titel „Das Ghetto in Litzmannstadt – kriminalpolizeilich gesehen" veröffentlichte, in dem er die Gettobewohner als „Zusammenpferchung von Kriminellen, Schiebern, Wucherern und Betrügern" sowie als „durchweg plattfüßige Kaftanträger" bezeichnete.[35] 1960 wurde ein Ermittlungsverfahren gegen Zirpins eingeleitet, das aber nach nur wenigen Monaten eingestellt wurde. Im gleichen Jahr wurde er zum Leiter des Landeskriminalamtes Niedersachsen ernannt.

Für Willy Landwehr, der als verfolgter Kommunist ohnehin wenig Vertrauen in die westdeutsche Justiz hatte, gab es daher allen Grund, sich bei der Vernehmung durch die Ermittler zurückzuhalten. Anstatt sein Wissen über Thälmanns Mörder mit ihnen zu teilen, stellte er gegen Otto und Berger am 5. April 1962 Strafanzeige bei der *Zentralstelle zur Aufklärung nationalsozialistischer Verbrechen in Ludwigsburg*, in die er wesentlich mehr Vertrauen setzte. Drei Tage später informierte er darüber hinaus seine Kameraden in der DDR.[36]

5. Die Laus im Pelz

Wer in der DDR nicht völlig blind und stocktaub war, kam an Ernst Thälmann nicht vorbei. Außer dem obligaten Trio Marx, Engels und Lenin gab es in der ostdeutschen Gesellschaft niemanden, der in Wort, (Straßen-)Bild und Schrift so explizit präsent war wie der ermordete Kommunistenführer. Als politisch-ideologisches Vorzeigebeispiel wurde Thälmann von der SED-Partei auf den Schild gehoben und als „Antifaschist", „Führer der Arbeiterklasse", „Freund der Sowjetunion" usw. als Vorbild für Jung und Alt hochgehalten.[37] Eine wichtige Rolle in diesem massiven und politisch getriebenen Thälmannkult spielten Thälmanns Witwe Rosa und seine Tochter Irma. Nachdem sie ihrem inhaftierten Ehemann und Vater jahrelang zur Seite gestanden hatten, wurden beide schließlich selbst im Mai 1944 von der Gestapo verhaftet. Am 26. September wurden sie aus dem Polizeigefängnis in Berlin in das Konzentrationslager Ravensbrück überstellt. In ihren Akten vermerkte die Gestapo ihr informelles Todesurteil in rot unterstrichenen Buchstaben: *„Rückkehr unerwünscht."*

Doch Rosa und ihre Tochter überlebten das Lager und ließen sich nach einem kurzen Aufenthalt in der Sowjetunion in der deutsch-sowjetischen Zone nieder. Trotz der bitteren Erfahrungen mit den KPD-Führern, die Thälmann seinem Schicksal überlassen hatten, wandten sich seine Frau und seine Tochter nicht von ihnen ab. Im Gegenteil: In der DDR traten beide in die SED ein und beteiligten sich aktiv an der postumen Verehrung des gefallenen Kommunistenführers und seiner vermeintlichen Ideale.[38] Fünf Monate vor ihrem eigenen Tod erwies die Witwe Thälmann ihrem Ehemann die letzte Ehre: Unterstützt von dem ostdeutschen Strafverteidiger Friedrich Karl Kaul erhob sie im April 1962 vor dem Kölner Gericht Anklage wegen Mordes gegen Wolfgang Otto und seinen SS-Gefährten Werner Berger.

Mit dem Eintritt von Kaul wurde auch gleich die politische Dimension des Falles Thälmann deutlich. Kaul, überzeugter Kommunist und als Jude selbst Opfer nationalsozialistischer Verfolgung, hatte sich bereits in den 1950er-Jahren mit seinem Vorgehen in zahlreichen Strafverfahren gegen Bürger und Organisationen, die in der Bundesrepublik kommunistischer Sympathien und Aktivitäten verdächtigt wurden, einen beachtlichen Ruf als „Staranwalt der DDR" erworben. Dazu war er in der Lage, weil er noch kurz vor der Teilung der Berliner Justiz in 1948 beim Kammergericht als Rechtsanwalt akkreditiert wurde und damit – als einziger DDR-Jurist – deutschlandweit als Rechtsanwalt fungieren konnte. Zum Ärger der Justizvertreter der Bundesrepublik und eines nicht unbedeutenden Teils der westdeutschen öffentlichen Meinung konnte Kaul so seiner Rolle als DDR-Propagandist und „Laus im Pelz" der westdeutschen Justiz ungehindert nachgehen.[39] Und in der von der Paranoia des Kalten Krieges beherrschten Bundesrepublik der 1950er- und 1960er-Jahre, in der jede wirkliche oder vermeintliche prokommunistische Aktivität kriminalisiert und als staatsgefährlich eingestuft und die KPD schließlich vom Bundesverfassungsgericht verboten wurde, spielte Kaul diese Rolle mit Elan und Bravour. Ein markantes Beispiel dafür zeigte sich in der ersten Sitzung des großen „KPD-Prozesses" am 23. November 1954, als er versuchte, Dr. Wintrich, den Präsidenten desselben Bundesverfassungsgerichts, im Zusammenhang mit seiner Karriere unter den Nationalsozialisten anzugreifen. Dabei legte Kaul dessen Personalakte des ehemaligen Reichsjustizministeriums vor, aus der hervorging, dass Wintrich 1940 wegen seiner vorbildlichen Haltung zum Nationalsozialismus für das Amt des Oberstaatsanwalts nominiert worden war. Kaul war darüber besorgt, so erklärte er dem Gericht:

> Oberstaatsanwalt im Nazireich und bedingungsloser Kämpfer für die Vernichtung der Kommunistischen Partei [...] waren zweifellos identische Begriffe. Und hiernach ist zu entscheiden, ob Herr Bundesverfassungsgerichtspräsident Dr. Wintrich, der das Vertrauen der höchsten Parteistellen der NSDAP für die Qualifikation des Amtes eines Oberstaatsanwaltes genossen hat, ob er überhaupt innerlich in der Lage sein

kann, unbefangen über die KPD zu richten[,] oder nicht zumindest die Besorgnis seiner Befangenheit gerechtfertigt ist.[40]

Kauls Befangenheitsantrag wurde erwartungsgemäß abgelehnt. Schließlich hätte die Annahme seines Arguments bedeutet, dass der Gerichtshof, der über die Verfassungsfeindlichkeit der KPD entscheiden musste, anerkennen würde, „dass der höchste Verfassungsrichter Westdeutschlands und damit die westdeutsche Verfassungsgerichtsbarkeit nazistisch vorbelastet sei." Aber Kauls Absicht war trotzdem erreicht worden: Richter mit einer Vergangenheit im betont antikommunistisch orientierten NS-Strafrecht konnten unmöglich als unvoreingenommene Richter in Fällen, in denen es um den antistaatlichen Charakter des Kommunismus ging, angesehen werden. Dieser Logik konnte sich auch in Westdeutschland kaum einer entziehen. Für Kaul und die SED waren der repressive Antikommunismus und die gleichzeitige massenhafte Reintegration von Ex-Nazis in Westdeutschland zwei Seiten einer Medaille, die eine grundsätzliche Gleichgesinnung zwischen der Politik Hitlers und der Adenauers offenbarten. Diese „systemische Kontinuität" wurde in der westdeutschen Justiz verkörpert von denjenigen, die sich nur zu gut an die „heilsame Wirkung" des Antikommunismus im Dritten Reich erinnerten und die sich nun in der Bundesrepublik wieder für eine – zwar weniger tollwütige, aber dennoch im Wesentlichen identische – Fortsetzung der Kommunistenverfolgung einsetzten. In den verschiedenen Strafprozessen gegen westdeutsche Kommunisten, in denen Kaul als Anwalt auftrat, ließ er keine Gelegenheit aus, diesen Punkt auf eindringliche Weise anzuprangern.[41]

Nachdem der Bundesgerichtshof ihn 1961 wegen seiner voreingenommenen Rolle als Sprachrohr der SED von der Tätigkeit als Anwalt in Staatsschutzsachen ausgeschlossen hatte,[42] begann Kaul sich mehr und mehr auf jenen anderen Streitpunkt in den Beziehungen zwischen den beiden deutschen Staaten zu konzentrieren: die gerichtliche Aufarbeitung der NS-Vergangenheit. Kaul wurde Rechtsvertreter der in der DDR lebenden Opfer in westdeutschen

Prozessen gegen NS-Verbrecher. Es war eine Position, die sich sehr eignete, um das Versagen der Bonner Justiz in dieser Hinsicht aufzudecken.[43] Wie bei den westdeutschen Kommunistenprozessen waren Kauls Initiativen im Bereich der westdeutschen NS-Prozesse eng mit der SED-Spitze und ihren agitatorischen Zwecken abgestimmt. Die strafrechtliche Verfolgung des Mordes an der DDR-Ikone Ernst Thälmann bot eine ausgezeichnete Gelegenheit dazu. Für Kaul war ein Prozess gegen die Attentäter eine ideale Plattform, um sich sowohl mit dem westdeutschen Antikommunismus als auch mit der damit verbundenen „Renazifizierung" der Adenauer-Republik auseinander-zusetzen. Doch für diese Chance musste er einen harten Kampf ausfechten.

6. Die unwilligen Jagdhunde der Justiz

Es war ein bizarres Spiel des Schicksals, dass Rosa Thälmanns Anklage genau in dem Gerichtsbezirk landete, in dem der Mann arbeitete, der fast dreißig Jahre zuvor den Haftbefehl gegen ihren Ehegatten unterschrieben hatte. In einer Retrospektive aus der Mitte der 1980er-Jahre skizzierte der inzwischen emeritierte Ratsherr am Oberlandesgericht Köln, Dr. Hans Mittelbach, seine im Laufe der Zeit bemerkenswert konstante Haltung:

> Da war diese Verordnung, mit der die Grundrechte aufgehoben worden sind, zum Schutz für Volk und Staat, oder ähnlich. Uns wurden Listen vorgelegt von Leuten, die irgendwo aufgegriffen wurden, und dann wurde man gefragt, ob man einen Haftbefehl erlässt. Ich hatte niemals Zweifel gehabt. Auch später nicht. Manches würde man heute vielleicht anders machen. Aber ich hatte niemals einen Zweifel gehabt, gegen den Leiter der KPD und den Chef des Rot-Front-Kämpferbundes wegen Gefährdung der Republik einen Haftbefehl zu entlassen. Würde ich heute noch nicht haben. Ich würde heute noch die Kommunisten alle in Haft nehmen.[44]

Wie die meisten seiner Kollegen bestand Mittelbach das Entnazifizierungsverfahren der Nachkriegszeit mühelos: „Erst wurde mir die Genehmigung erteilt, wieder in die Justiz einzutreten, dann bin ich als ,nicht betroffen' eingestuft worden. Ich selbst habe ja keinen Posten in der Partei gehabt, Mitglied war ich natürlich."[45] In den frühen Nachkriegsjahren wurde dann ausgerechnet Mittelbach bei der Inspektion der für die Entnazifizierung zuständigen Spruchgerichte zum Leiter der Rechtsabteilung ernannt. Als Richter am Kölner Oberlandesgericht kreuzte er später auch noch mehrfach die Klingen mit Thälmanns politischen Erben, unter anderem als „Vorsitzender im Hochverratssenat, so nannte man das damals in Köln."[46]

Verantwortlich für die Bearbeitung der Strafanzeige von Rosa Thälmann war der Kölner Staatsanwalt Hans Peter Korsch. Wie sein

Kollege Mittelbach wurde auch Korsch nicht von linken Sympathien geplagt. Schon im Vorfeld war er skeptisch gegenüber der Zuverlässigkeit von kommunistischen Zeugenaussagen, denn, wie er zwanzig Jahre später vor dem Gericht in Krefeld sagte: „Für Kommunisten gibt es keine objektive Wahrheit." Das bedeutete jedoch nicht, dass er die Sache nicht ernst genommen hätte: „Wir sind damals sehr vorsichtig vorgegangen. Die Verurteilung von Thälmanns Mördern lag mir am Herzen."[47] Wie wir noch sehen werden, wurde dieser Eindruck nicht von allen Verfahrensbeteiligten geteilt.

Rosa Thälmann starb sechs Monate nach der Anklageerhebung. Nach Ansicht von Korsch und seinem Team lief damit das Mandat von Rechtsanwalt Kaul aus. Sie weigerten sich, ihn noch weiter als Partei in dem Fall zu akzeptieren, und er wurde auch nicht über den Verlauf der Untersuchung informiert. Im März 1964 – zwei Jahre nach der Anklageerhebung – wurde die Untersuchung eingestellt, weil, so Korsch, „kein Licht in die Sache zu bringen" sei. Dies war vor allem darauf zurückzuführen, dass „die Vernehmung des als ‚Augenzeugen' bezeichneten Marian Zgoda keine hinreichende Klärung des Sachverhalts erbracht" hatte. Zgoda hatte nur bekunden können,

> dass Otto, Berger und andere SS-Angehörige bei der Ankunft Thälmanns auf dem Hof des Krematoriums zugegen gewesen seien. Über die Art ihrer Beteiligung an der Tat, insbesondere darüber, wer die Schüsse auf Thälmann abgegeben hat, konnte dieser Zeuge in seinen wiederholten Vernehmungen keine Angaben machen. […] Bei diesem Ermittlungsergebnis musste das Verfahren mangels Beweise eingestellt werden.[48]

Darüber hinaus waren die abstreitenden Aussagen der Beschuldigten Otto und Berger „nicht zu widerlegen". In einem internen Memo schilderte Korsch seine Meinung über den „Augenzeugen" Zgoda: „Abgerundet wird das Bild des Zeugen, der heimatloser Ausländer ist, durch die Tatsache, dass er im Jahre 1951 wegen Verteilung kommunistischer Flugblätter in Erscheinung getreten ist." Der Zeuge Zgoda selbst erinnerte sich an sein Treffen mit Korsch wie folgt:

Ich bin in Köln von Staatsanwalt Dr. Korsch zu diesen Vorgängen vernommen worden. Ich habe ihm gesagt, was ich gesehen habe. Ich kam mir bei dieser Vernehmung als Zeuge jedoch vor, als wäre ich der Beschuldigte. Staatsanwalt Korsch brüllte mich mehrmals an und sagte mir: „Überlegen Sie sich gut, was Sie sagen! Oder wollen Sie ins Gefängnis oder Zuchthaus?"

Wenige Wochen nach seiner Vernehmung wurde Zgoda seines Status als staatenloser Bürger beraubt: „Ich bekam einen Fremdenpass mit einer Aufenthaltsbeschränkung auf die nächsten zwei Jahre."[49]

Zgodas Zeugenaussage war nicht die einzige, die von Korsch und seinen Leuten vom Tisch gewischt wurde. Dasselbe geschah mit dem ehemaligen SS-Hauptscharführer Werner Fricke, der sich als Standesbeamter geweigert hatte, Thälmann als Opfer des alliierten Bombardements zu registrieren. Im August 1963 wurde Fricke in einer Konfrontation mit Otto von Korsch ausführlich über sein Wissen um dessen Rolle bei der Ermordung von Thälmann vernommen. Fricke war wie Otto nach dem Krieg einige Zeit in Dachau interniert gewesen, und er erklärte unter anderem, Otto habe ihm dort 1947 in einem Gespräch bestätigt, dass er bei der Ermordung Thälmanns anwesend gewesen sei. Otto selbst bestritt, jemals mit Fricke über die Thälmann-Affäre gesprochen zu haben, und damit war die Sache für Korsch erledigt.[50]

Und dann war da noch die Aussage des Zeugen Richard Schulz, ehemaliger Häftling des Konzentrationslagers Esterwegen im Emsland. Bei der Besichtigung eines Baukommandos im westfälischen Werl im November 1944 hätte Otto ihm mit den Worten angedroht: „Du, roter Himmelskommissar, wärest du vor drei Monaten bei mir in Buchenwald gewesen, hätte ich dich genauso dahinbefördert, wo ich Deinen Oberkommissar Ernst Thälmann hingeschickt habe. Aber wartet nur ab, ihr roten Schweine kommt alle dahin."[51] Aber auch diese Aussage bewegte Korsch nicht dazu, eine formelle Anklage zu erheben. Dagegen überzeugte die Kölner Ermittler eher die schriftliche Mitteilung des SS-Untersuchungsrichters Dr. Konrad Morgen an Otto vom 24. April 1962: Lagerkommandant Pister soll ihm – Morgen – wenige Monate nach der

Ermordung Thälmanns erklärt haben, dass seine Hinrichtung vollständig von den ihn begleitenden Gestapo-Beamten durchgeführt worden wäre. Von einer Beteiligung Ottos war nicht die Rede.[52]

Und so entkam Otto zum zweiten Mal einer deutschen Strafverfolgung. Doch diesmal war der Kollateralschaden für ihn beträchtlich, denn inzwischen war die Buchenwald-Vergangenheit des Gelderner Lehrers durch die Anzeige aus der DDR auch in Westdeutschland bekannt geworden. Ein Hamburger Fernsehteam, das im Juni 1962 nach Geldern fuhr, um Otto in seiner Umgebung zu filmen und zu interviewen, wurde von der örtlichen Polizei unter Sirenengesang verhaftet und unter Bewachung gestellt. Der Leiter des Fernsehteams wurde auf das Polizeirevier gebracht, und ein Kameramann wurde von einem Polizisten sogar mit gezogener Pistole bedroht: „Wenn Sie etwas machen, schieße ich." Die völlig überreizte Reaktion der Polizeibeamten wurde durch eine Maßnahme ausgelöst, die die Gemeinde Geldern Anfang des Monats zutiefst schockiert hatte: Am 1. Juni hatte der Düsseldorfer Regierungspräsident Kurt Baurichter – derselbe, der ihm zuvor zu einer Anstellung verholfen hatte – Otto mit sofortiger Wirkung von seinen Lehraufgaben entbunden. Der Grund: „Beschuldigungen, die gegen Otto im Zusammenhang mit seiner Tätigkeit als Mitglied der Wachmannschaft im KZ Buchenwald erhoben werden." Baurichter über seine ursprüngliche Anstellung von Otto als Lehrer: „Wenn ich damals diese Details gekannt hätte, hätte ich mich trotz der Haltung des Bundesinnenministers gewehrt, ihn einzustellen. Es macht doch einen verheerenden Eindruck, wenn so ein Mann bei uns Kinder unterrichtet."[53]

Der Verwaltungsrichter, der über die Entlassung Ottos zu urteilen hatte, stimmte zunächst mit dem nordrhein-westfälischen Kultus-ministerium überein, doch das Oberlandesgericht entschied anders. Um eine schmerzhafte Niederlage vor dem Bundesverwaltungsgericht zu vermeiden und vielleicht gezwungen zu sein, Otto erneut als Lehrer einzustellen, wurde ein Kompromiss geschlossen: Als Gegenleistung für die Rücknahme seiner Klage wurde Otto mit einer Rente von 1.700 Mark monatlich – netto und einschließlich seiner KZ-Jahre als Kriegsverbrecher – abgekauft. Der Herr Lehrer im Ruhestand, der an seinem Wohnort weiterhin hohes Ansehen genoss, beschäftigte sich fortan mit Nachhilfe für die weniger begabte Jugend von Geldern.[54]

Kaul ließ sich unterdessen von der Kölner Staatsanwaltschaft nicht aus der Bahn werfen. Im Auftrag von Rosa Thälmanns Tochter Irma erhob er sofort Einspruch gegen die Entscheidung, Otto nicht strafrechtlich zu verfolgen (Mitbeschuldigter Berger verstarb im Juni 1964), und er würde dies auch künftig immer wieder tun, wenn die Staatsanwaltschaft Köln der Ansicht war, dass das Verfahren gegen Otto „mangels hinreichenden Verdachts" eingestellt werden sollte. Auf diese Weise häuften sich im Laufe der Jahre die Ermittlungen ohne Aussicht auf eine formelle Strafverfolgung. Im Zuge dieser Ermittlungen wurde der Ruf des „Augenzeugen" Marian Zgoda (der 1967 verstarb) durch die aufeinanderfolgenden Ankläger stark untergraben. Obwohl die Authentizität von Zgodas Nachkriegszeugnis vor dem Münchner Untersuchungsrichter im November 1948 nicht mehr angezweifelt wurde, glaubte auch Korschs Nachfolger Rudolf Gehrling Zgodas Version der Geschichte nicht. Wegen der Gefahr, entdeckt zu werden, war es laut Gehrling „äußerst unwahrscheinlich", dass Zgoda die Ereignisse damals aus so unmittelbarer Nähe – „nur vier Meter Entfernung" – beobachtet hätte. Darüber hinaus war Zgoda in seinen Aussagen während der häufigen Verhöre der letzten Jahre nicht immer konsistent gewesen. Zwar hatte er, wenn er dazu aufgefordert wurde, diese Aussagen jedes Mal sofort korrigiert, aber für Gehrling war dies umso mehr ein Grund, den „Beweiswert der Aussage Zgodas erheblich abzuschwächen."[55]

Neben der Infragestellung der Aussagen der (beschuldigenden) Zeugen wurde das inzwischen erprobte Instrument der Verjährung gegen eine mögliche Strafverfolgung von Otto eingeführt. Zahlreiche Entscheidungsträger der Terror- und Vernichtungspolitik Hitlers waren dadurch bereits erfolgreich vor Prozess und Bestrafung bewahrt worden. Und was für diese Schreibtischmörder galt, traf, so die Kölner Staatsanwaltschaft, auch auf die Beschuldigten des Mordes an Thälmann zu (dazu gehörte jetzt neben Otto der inzwischen aufgespürte SS-Mann Herbert Stobbe): Selbst wenn man ihre Beteiligung unterstellte, war das Strafbarkeitsdatum ihres Verbrechens zwischenzeitlich überschritten.[56] Nach dem Einstellungsbeschluss vom 14. November 1974 konnten Otto und Stobbe nur noch wegen Mordes strafrechtlich verfolgt werden. Bei der Liquidierung von Thälmann war dieser Straftatbestand laut Köln jedoch nicht erfüllt gewesen. Für Mord verlangte die Phänomenologie des deutschen Strafgesetzbuches in § 211 nämlich die Kennzeichnung der Tat durch „Heimtücke", „Grausamkeit" oder durch die „niedrigen Beweggründe" des Täters.

Eine *heimtückische* Tötung kennzeichnet sich durch die bewusste Ausnutzung der Arg- und Wehrlosigkeit des Opfers.[57] Dass Thälmann auf dem Weg zum Krematorium in Unkenntnis dessen gewesen wäre, was ihn erwartete, konnte aber – zu Gunsten der Beschuldigten – nicht vorausgesetzt werden. Anders ausgedrückt: Thälmann hätte möglicherweise gewusst, dass er getötet werden würde, und das bedeutete, dass er nicht mehr „arglos" gewesen wäre. Damit verschwand also das Element der Heimtücke.

Dass die Art und Weise, wie Thälmann liquidiert worden war, *grausam* gewesen wäre, konnte ebenfalls nicht bewiesen werden: Die vier Schüsse, mit denen er getötet worden war, waren nichts anderes als ein Mittel, um seinen Tod herbeizuführen. Das war nicht grausam im Sinne des Gesetzes, sondern lediglich funktional für den beabsichtigten Zweck. Und so verschwand auch das zweite Mordmerkmal.

Außerdem gab es noch die persönlichen Motive der Täter: Wenn diese niedrig – d. h. besonders verwerflich – gewesen wären, dann hätte die Tötung Thälmanns tatsächlich als Mord gelten können. Doch was hatte die Täter eigentlich dazu bewogen, ihm das Leben zu nehmen? Oberstaatsanwalt Dr. Gehrling in seiner Einstellungsentscheidung:

> Den Beschuldigten dürfte nach alledem, was über die Ermordung Thälmanns als festgestellt erachtet werden kann, nicht nachzuweisen sein, dass ihr Handeln selbst von niedrigen Beweggründen getragen war. Sie hatten

offensichtlich nur einem Befehl Folge geleistet, der durch Führerbefehl legitimiert zu sein schien.[58]

Und auf die Folgeleistung eines (scheinbar) legitimen Befehls passten offensichtlich keine niedrigen Motive. Damit verschwand auch das dritte Element, das den Mord an Thälmann durch den Beschuldigten zu einem Mord im strafrechtlichen Sinne gemacht hätte. Was übrig blieb, war zwar nach wie vor ein Mord, der jedoch von den inzwischen verstorbenen Auftraggebern Adolf Hitler und Heinrich Himmler begangen wurde und nicht von denen, die ihre Befehle ausgeführt hatten. Sie waren nur noch einer Form der Beihilfe schuldig, deren Strafe, so Gehrling, bereits seit 1960 verjährt sei. Mit diesen und ähnlichen Argumenten stellte die Staatsanwaltschaft Köln innerhalb von zwanzig Jahren nicht weniger als fünfmal das Ermittlungsverfahren ein. Und jedes Mal erhob Kaul Einspruch dagegen und schaffte es mit neuen Beweisanträgen, die Wiederaufnahme der Ermittlungen zu erzwingen. Kauls Kommentar zum mangelnden Verfolgungsenthusiasmus der Kölner Justiz: „Dieser Jagdhund musste zur Jagd getragen werden."[59]

7. Der Mord, der nie verjährt

Man kann sich leicht vorstellen, dass das Vorgehen der westdeutschen Justiz im Fall Thälmann bei den östlichen Nachbarn nicht gut ankam. Noch im Monat der allerersten Einstellung des Verfahrens, im März 1964, gab es heftige Kritik von DDR-Generalstaatsanwalt Josef Streit. Er warf der Kölner Staatsanwaltschaft vor, den Zeugen Zgoda bedroht und eingeschüchtert und die Ermittlungen behindert zu haben. Dass die Westdeutschen wenig Interesse an einer ernsthaften Verfolgung von Thälmanns Mördern an den Tag legten, zeige sich schon daran – so Streit –, dass sie von seinem Angebot, die in der DDR vorhandenen Beweise einzusehen, keinen Gebrauch gemacht hätten. Und auch die Vereinigung der Verfolgten des NS-Regimes (VVN) war der Meinung, dass von Seiten der Kölner Justiz versucht wurde, „das Verbrechen an Ernst Thälmann im Schatten des Auschwitz-Prozesses ungesühnt zu lassen."[60]

Anfang 1980 hielten die DDR-Kritiker die Zeit für gekommen, die Nachlässigkeit der Westdeutschen öffentlich anzuprangern. Am 12. Februar fand an der Humboldt-Universität zu Ostberlin ein Symposium statt unter dem unmissverständlichen Titel: „Der Mord, der nie verjährt: Über die Behinderung des Strafverfahrens gegen die Mörder von Ernst Thälmann in der Bundesrepublik Deutschland."[61] Von neun prominenten ostdeutschen Juristen und Historikern wurde das Versagen der westdeutschen Justiz akribisch dargestellt. Beim Kick-off informierte Kaul die Zuhörer über seine anhaltenden, aber vergeblichen Bemühungen, die Kölner Staatsanwaltschaft zur Verfolgung der Thälmann-Mörder zu bewegen. Er machte sich keine Illusionen mehr über die Wirkung des letzten seiner Versuche – eines Protests gegen die Verfahrenseinstellung im März 1979: „Es gehört angesichts der Praktiken der BRD-Justiz, die Nazigewalttaten nicht oder, wenn überhaupt, nur unvollkommen zu sühnen, keine große Prophetengabe dazu, um vorauszusehen, welches Schicksal auch diese Beschwerde haben wird."[62] Kaul ließ außerdem keinen Zweifel an der Ursache dieses westdeutschen Unterlassens. Das Versäumnis, den Mord an Thälmann zu bestrafen, wurde motiviert durch die „nahtlose Übernahme des vom Nazismus geprägten Feindbildes des Kommunismus durch die BRD". Dieses Feindbild habe die Mentalität und das öffentliche Leben der BRD – „wie die Metastasen eines Krebsgeschwürs den menschlichen Körper" – beeinflusst und sei der eigentliche Grund „für die allgemein in der BRD bestehende Unlust für die Strafverfolgung nazistischer Gewaltverbrechen". Im Fall Thälmann warf Kaul der Kölner Staatsanwaltschaft eine „systematisch strafvereitelnde[...] Ermittlungsstrategie" vor:

> Denn von vornherein erstreckten sich die Ermittlungen der Kölner Zentralstelle nicht auf den gesamten Verbrechenszusammenhang; das heißt: In bewusster Verkennung der Bedeutung und der Schwere des aufzuklärenden Mordes wurde es bei den Ermittlungen systematisch unterlassen, den Grad der Schuld aller an dem Verbrechen Beteiligten entsprechend den im Nürnberger Hauptkriegsverbrecherprozess entwickelten Verfahrensprinzipien unter Hinzuziehung des einschlägigen Dokumentarmaterials aufzuklären.

Das lief in der DDR ganz anders, wie der ehemalige Weimarer Staatsanwalt Hermann Rodewald betonte:

> Zur konsequenten Verfolgung der Nazi- und Kriegsverbrecher einschliesslich der Mörder Ernst Thälmanns wurden von uns aus hier in der Deutschen Demokratischen Republik seit der Stunde der Befreiung vom Faschismus alle nur denkbaren Anstrengungen unternommen.

Tatsächlich hatte Rodewald bereits 1948 zusammen mit Richter Hermann Grossmann die Mörder Thälmanns gejagt. In München waren sie in den Akten des amerikanischen Buchenwald-Prozesses auf die Aussagen von Marian Zgoda gestoßen. Zufälligerweise lebte Zgoda in München, und am 6. November ließen Rodewald und Grossmann ihn vor Ort von einem zuständigen Ermittlungsrichter vernehmen. Zgodas Aussage war eine Wiederholung dessen, was er eineinhalb Jahre zuvor dem amerikanischen Ermittlungsoffizier Joe Kirschbaum beschrieben hatte. Doch während die Justizbehörden in Weimar aufgrund der Zeugenaussage Zgodas anschließend Haftbefehl gegen die mutmaßlichen Mörder Thälmanns erließen, gab es in Westdeutschland überhaupt keine strafrechtliche Reaktion. Dies änderte sich erst, als 1962 die Witwe Thälmanns Anzeige erstattete. Und auch dann, so Staatsanwalt Carlos Foth, habe die ostdeutsche Justiz alles getan, um die Kölner Ermittlungen zu unterstützen.[63] So wurden zahlreiche Dokumente, Untersuchungsergebnisse und Zeugenaussagen an die Kollegen jenseits der Grenze geschickt. Und im März 1964 bot ihnen – wie schon erwähnt – der DDR-Generalstaatsanwalt Streit an, Einsicht in die ostdeutschen Untersuchungsakten zu nehmen. Auf dieses Angebot wurde aber erst reagiert, nachdem Kaul die Wiederaufnahme der im gleichen Monat eingestellten Ermittlungen erzwungen hatte. Im Dezember reisten dann die Kölner Staatsanwälte Korsch und Plümpe nach Ost-Berlin, um die DDR-Unterlagen zum Thälmann-Mord einzusehen und zu kopieren. Darunter war auch eine wichtige Aussage des ehemaligen Buchenwald-Häftlings Heinz Misslitz, der im April 1947 anwesend gewesen war, als Zgoda vom amerikanischen Ermittlungsoffizier Joe Kirschbaum über den Fall Thälmann gehört wurde. Misslitz hatte damals die Erklärung von Zgoda mitunterzeichnet. In seiner Zeugenaussage vom Oktober 1962 vor der ostdeutschen Justiz hatte er darüber hinaus wichtige Aussagen über die Beteiligung von Wolfgang Otto und Werner Berger an den Hinrichtungen in Buchenwald sowie über andere an der Affäre Beteiligte wie den SS-Standesbeamten Werner Fricke und Kapo Jupp Müller gemacht. Und schließlich wurden die Kölner Ermittler noch auf ein Schlüsseldokument im Fall Thälmann verwiesen, das sich übrigens schon seit 1950 im Bundesarchiv in Koblenz befand: Die ursprüngliche Notiz, auf der Heinrich Himmler den Hinrichtungsbefehl Hitlers vom 14. August 1944 vermerkt hatte.[64]

Sechs Wochen nach der Abreise der Kölner Staatsanwälte ließ sich Kaul über den Fortgang der Ermittlungen informieren. Eine Woche später erhielt er die Antwort, dass sie „andauerten". Darauf blieb es zweieinhalb Jahre lang still. 1967 ergriff Generalstaatsanwalt Streit erneut die Initiative und bot an, den Tatort im ehemaligen Konzentrationslager Buchenwald zu besichtigen. Am 9. August desselben Jahres unterwarfen Korsch und Plümpe dann den Krematoriumskomplex, in dem Thälmann wahrscheinlich ermordet worden war, einer genauen Untersuchung. Bei ihrer Abreise erklärten sie „nunmehr Veranlassung zu haben, die gesamten Ermittlungsakten nochmals von vorn durchzuarbeiten, da die vorliegenden Belastungsbeweise bisher unterbewertet worden waren." Fünf Jahre später (!) meldete Köln schließlich das Ergebnis: Die Untersuchung wurde erneut „mangels hinreichenden Tatverdachts" eingestellt.[65]

Professor Erich Buchholz, Leiter der rechtswissenschaftlichen Fakultät der Humboldt-Universität, erläuterte den Symposiumteilnehmern, woran es juristisch in der westdeutschen Strafverfolgung von NS-Verbrechern mangelte. Entscheidend war, dass die Bundesrepublik Deutschland im Gegensatz zur DDR nie die völkerrechtlichen Grundsätze des Nürnberger IMT-Statuts und den darin enthaltenen Begriff der „Verbrechen gegen die Menschlichkeit" zum Ausgangspunkt ihrer Strafverfolgungspolitik gemacht hatte. Für die westdeutsche Justiz war „Nürnberg" stets Sieger- und Besatzungsrecht geblieben, den eigenen deutschen Rechtstraditionen fremd und daher verwerflich. Statt NS-Verbrechen wie die Ermordung Thälmanns als strukturelle Verbrechen gegen die Menschlichkeit zu verfolgen, die im Auftrag eines verbrecherischen Staates begangen wurden, betrachtete die westdeutsche Justiz sie als eigenständige, gewöhnliche Verbrechen, die in einem Staat wie jedem anderen passierten. Verbrechen also, die nach den Standards des gewöhnlichen nationalen Strafrechts beurteilt werden mussten. Dies, so Buchholz, sei ein absichtliches Missverständnis der Besonderheit des NS-Verbrechens mit weitreichenden Folgen: „Damit wird die sozialpolitische Wurzel und rechtliche Charakterisierung dieser Verbrechen vertuscht, verleugnet. Die Wahrheit geht verloren. Das ist die erste Konsequenz."

Die zweite Konsequenz dieser verfehlten westdeutschen Orientierung am nationalen Strafrecht war, dass sie die Tür öffnete für die Anwendung eines breiten Spektrums von Rechtsinstrumenten und Argumenten, die allesamt eine konsequente Strafverfolgung verhinderten und die Schuldigen ihrer Strafe entzogen. Zur Veranschaulichung verwies Buchholz auf die zuvor diskutierte Verfahrenseinstellung im Fall Thälmann vom 14. November 1974, bei der sich die Staatsanwaltschaft Köln zu Unrecht auf die Verjährung berufen hatte. Das endgültige Urteil von Buchholz über die westdeutsche juristische Aufarbeitung der Naziverbrechen war daher vernichtend:

> Es gibt noch eine Vielzahl weiterer Methoden oder Scheinargumente, auf die ich nicht mehr eingehen will. Das Ergebnis all dessen ist, dass es in der übergrossen Mehrzahl – soweit überhaupt Verfahren begonnen werden – zur Einstellung des Verfahrens oder zum Freispruch kommt. Soweit überhaupt eine Bestrafung erfolgt, finden wir kaum eine Bestrafung wegen Mordes. Charakteristisch sind Bagatellstrafen mit sehr frühzeitiger Entlassung. Die Täter werden von vornherein auf freiem Fuss belassen, oder es wird ihnen Haftverschonung gewährt.

Heinrich Toeplitz, Präsident des Obersten Gerichts der DDR, schloss sich an. Er stellte fest, dass Thälmanns Mörder – „Moral und Recht widersprechend" – in Westdeutschland immer noch auf freiem Fuß waren:

> Alle Tatsachen zwingen zu dem Schluss, dass bisher die Strafverfolgung zunächst durch die Behörden der USA und dann durch die der BRD bewusst verhindert worden ist. So sind die von der UNO am 11. Dezember 1946 als bleibendes Völkerrecht bestätigten Nürnberger Prinzipien [...] von Anfang an negiert worden. Weder die Überstellung der Täter an die Strafverfolgungsbehörden noch eine völkerrechtsgemässe Entscheidung gegen das an Ernst Thälmann verübte Verbrechen gegen die Menschlichkeit dort, wo sich die Mörder seit 1945 befanden, ist erfolgt. Das ist permanenter Bruch des Völkerrechts durch die für seine Verwirklichung verantwortlichen Organe der Bundesrepublik. [...] Es ist deshalb hohe Zeit, dass sich die BRD zu

den Prinzipien des Völkerstrafrechts bekennt, damit auch der Mord an Ernst Thälmann, der Mord, der nie verjährt, endlich seine Sühne findet.[66]

8. Ablösung des Jägers

Kauls letzte Einwände gegen die Einstellung der Ermittlungen im Fall Thälmann stammten vom August und Dezember 1979. In seinem Protest erklärte er, dass Himmlers Notiz über sein Gespräch mit Hitler am 14. August 1944 (in der die Hinrichtung Thälmanns beschlossen wurde) zeige, dass es sich um Repressalien im Zusammenhang mit dem Attentat vom 20. Juli 1944 handelte. Zur Vorbereitung dieser Vergeltungsaktion wurde damals im Reichssicherheitshauptamt eine Sonderkommission eingerichtet, der auch der ehemalige SS-Obersturmbannführer Kurt Lischka angehörte. Lischka stand 1979 wegen seiner Rolle bei der Deportation von 70.000 Juden aus Frankreich vor Gericht in Köln. Kaul bat nun darum, ihn und die anderen ehemaligen Mitglieder der Sonderkommission zu den Tatsachen im Zusammenhang mit dem Mord an Thälmann zu hören, „da aufgrund der dargelegten Zusammenhänge mit Sicherheit angenommen werden muss, dass der Transport Ernst Thälmanns von der Haftanstalt Bautzen nach dem KZ Buchenwald, zum Zwecke seiner gewaltsamen Tötung, durch Mitglieder dieses Sonderkommandos durchgeführt wurde."[67]

Kaul würde das Ergebnis dieser Ermittlungen nicht mehr erleben. Am 16. April 1981 starb er plötzlich an einem Herzversagen. Neun Monate später teilte der Kölner Oberstaatsanwalt Hammer Kauls Mitarbeiter und Kollegen Winfried Matthäus mit, dass das Ermittlungsverfahren jetzt endgültig eingestellt wurde, „da weitere Ermittlungsmöglichkeiten nicht gegeben sind".[68]

Matthäus und Irma Thälmann beschlossen daraufhin, die Initiative zu übernehmen und den Richter zu bitten, bei der Staatsanwaltschaft eine Anklage gegen Otto (auch der Mitbeschuldigte Stobbe war zwischenzeitlich verstorben) durchzusetzen. Da Matthäus im Gegensatz zu Kaul nicht befugt war, in der Bundesrepublik Deutschland als gesetzlicher Vertreter zu agieren, musste Irma Thälmann mit großer Dringlichkeit einen Ersatz für Kaul suchen (die Frist für die Einlegung des betreffenden Rechtsmittels betrug einen Monat nach dem Datum von Hammers Entscheidung). Zu diesem Zweck wurde der renommierte amerikanisch-deutsche Strafverteidiger Robert M. W. Kempner kontaktiert. Kempner, ursprünglich Berliner Rechtsanwalt und in den 1920er- und frühen 1930er-Jahren preußischer Staatsanwalt, hatte Deutschland nach dem Verlust seiner Staatsbürgerschaft 1935 verlassen und sich zunächst in Italien und später in den Vereinigten Staaten niedergelassen. Unmittelbar nach dem Krieg war er als Assistent des amerikanischen Chefanklägers am Internationalen Militärtribunal in Nürnberg nach Deutschland zurückgekehrt. In den Jahren 1947/48 war er zudem aktiv im sogenannten Wilhelmstraßenprozess gegen hohe Nazi-Funktionäre des Außenministeriums beteiligt. Nach den Nürnberger Prozessen blieb Kempner in Deutschland und ließ sich als Rechtsanwalt in Frankfurt am Main nieder. Neben seiner Beteiligung an zahlreichen Entschädigungsverfahren für Opfer des NS-Regimes nahm er als sogenannter Nebenkläger an vielen Prozessen gegen NS-Verbrecher in der Bundesrepublik teil, darunter 1967 im Münchner Prozess gegen den Befehlshaber der Sicherheitspolizei und des SD in den Niederlanden, Wilhelm Harster, und seine Mitangeklagten.[69]

Aufgrund seines hohen Alters – er war inzwischen 82 Jahre alt – musste Kempner den Antrag von Irma Thälmann zu seinem Bedauern ablehnen, schlug aber eine Alternative vor in der Person des Bremer Rechtsanwaltes Heinrich Hannover. Wie Kaul hatte Hannover sich seit Mitte der 1950er-Jahre in einer Reihe von politischen Prozessen gegen Kommunisten und andere linke Adenauer-Kritiker in der Bundesrepublik Deutschland durch seine häufigen und oft scharfen Auseinandersetzungen mit dem westdeutschen Justizapparat einen herausragenden Ruf erworben.[70] Er nahm Irma Thälmanns Antrag an und reichte in ihrem Namen am 24. Februar 1982 – einen Tag vor Ablauf der Frist – beim Oberlandesgericht Köln einen dokumentierten Antrag zur sogenannten Klageerzwingung ein. Die Hauptargumente Hannovers:

Bei objektiver Würdigung der Ermittlungsergebnisse muss davon ausgegangen werden, dass der Beschuldigte Otto hinreichend verdächtig ist, an der Ermordung Ernst Thälmanns als Mittäter beteiligt gewesen zu sein. Dabei kann es nicht darauf ankommen, wer die tödlichen Schüsse abgegeben hat. Vielmehr waren alle Personen, die Thälmann auf dem Wege ins Krematorium begleiteten oder ihn am Eingang des Krematoriums erwarteten, in das Mordkomplott einbezogen [...].

Zu Unrecht verneint die Staatsanwaltschaft auch das mordqualifizierende Tatbestandsmerkmal der niedrigen Beweggründe [...]. Die Justiz eines Staates, der durch seine Verfassung als freiheitlich-demokratisch ausgewiesen ist, sollte sich aber mit Nachdruck dazu bekennen, dass Tötungen politischer Gegner und rassisch unerwünschter Bürger auch dann von niedrigen Beweggründen getragen sind, wenn sie im staatlichen Auftrag erfolgen. Auch und gerade ein „Führerbefehl" kann an dieser Beurteilung nichts ändern. Die Justiz unseres Staates kann nicht gehalten sein, sich die Werturteile über Tötungsverhandlungen zu eigen zu machen, die dem faschistischen Gesetzgeber vorgeschwebt haben mögen. [...] Die Tötung eines politischen Gegners durch eine im staatlichen Auftrag handelnde Bande wird in jedem Kulturstaat als Mord qualifiziert.[71]

Die Staatsanwaltschaft wehrte sich erwartungsgemäß gegen das Verfahren, doch zu mancher Überraschung gaben die Kölner Richter Hannover nach sechzehnmonatiger Beratung schließlich recht: Am 24. Juni 1983 kamen sie zu dem Ergebnis, dass Zgodas Aussage tatsächlich glaubwürdig erschien und von einer Verjährung des Verbrechens keine Rede sein könne. Die Staatsanwaltschaft wurde daher aufgefordert, eine formelle Anklage gegen Otto zu erheben. Nicht zu Unrecht würden Matthäus und Hannover die OLG-Entscheidung als „Ohrfeige für die Ankläger" betrachten.[72]

Damit schien der Widerstand gegen Ottos Prozess endlich gebrochen zu sein. Diese Schlussfolgerung erwies sich jedoch als verfrüht. Das Landgericht, dem der Fall zugesprochen wurde, war das von Kleve, da der Beschuldigte im nahe gelegenen Geldern wohnte. Am 11. August reichte die Staatsanwaltschaft Köln die Anklage gegen Otto ein. Zehn Monate später verkündeten die Klever Richter am 7. Juni 1984, dass sie die Eröffnung eines Hauptverfahrens ablehnten. Der Grund: Zweifel an der Solidität von Zgodas Zeugnis. Damit ignorierten die Richter die Entscheidung des OLG und kehrten zu der Position zurück, die die Staatsanwaltschaft Köln in ihrem ersten Einstellungsbeschluss zwanzig Jahre zuvor eingenommen hatte.[73]

Hannover protestierte sofort gegen die Klever Entscheidung, und Irma Thälmann, inzwischen als Nebenklägerin zugelassen, legte beim Oberlandesgericht Düsseldorf Berufung ein. Das OLG hob die Entscheidung des Klever Gerichts auf und verwies den Fall nach Krefeld. Am 5. November 1985 – 41 Jahre nach der Ermordung Thälmanns, 36 Jahre nach dem ersten Haftbefehl und 23 Jahre nach der Anzeige gegen ihn – saß der 74-jährige Otto zum ersten Mal auf einer deutschen Anklagebank.

9. Die Szenographie

„Blamabel, aber bei weitem nicht untypisch für bundesdeutsche Nachkriegshistorie", so charakterisierte Ingrid Müller-Münch am Eröffnungstag des Krefelder Thälmann-Prozesses in der *Frankfurter Rundschau* die Behandlung des Falles Otto durch die Staatsanwaltschaft Köln.[74] Merkwürdig, so die Kölner Journalistin, sei der „pure Zufall", dass die Akte wiederholt in unmittelbarer Nähe von Personen gelandet sei, die in treuer Pflichterfüllung dem NS-Regime gedient hatten. Dies galt in der Tat bereits für den Mann, der am 6. November 1948 in München für seine Kollegen Rodewald und Grossmann das allererste Verhör mit dem Zeugen Marian Zgoda durchgeführt hatte: den Untersuchungsrichter Wilhelm Pückert (1933 SA, 1937 NSDAP). In seinem Arbeitszeugnis von 1943 hieß es, dass er als Amtsrichter „jederzeit rückhaltlos für den nationalsozialistischen Staat eintritt."[75]

Hat seine frühere NS-Loyalität seine Behandlung des Zeugen Zgoda beeinflusst? Es ist nicht zu beweisen. Bemerkenswert aber ist, dass Pückert keine weiteren Initiativen ergriffen hat, um die belastende Zeugenaussage Zgodas nachzuverfolgen, und dass er diese Aussage – entgegen der richterlichen Amtspraxis – auch nicht registriert und mit einem Aktenzeichen versehen hat. Als die Kölner Ermittler Anfang der 1960er-Jahre danach suchten, war Zgodas Aussage in München daher nicht mehr auffindbar. Sie mussten sich auf eine von der DDR-Justiz geschickte Kopie verlassen. Pückert selbst verteidigte sich später gegen seine Versäumnisse, indem er erklärte, der Fall habe nicht zu seiner regulären richterlichen Aufgabe gehört und er sei nur für seinen „durch Krankheit verhinderten Kollegen" eingesprungen.[76]

Doch der Münchner Richter war nicht der einzige Justizbeamte mit einer „braunen" Vergangenheit, der in der Nähe der Ermittlungen auftauchte. Dasselbe galt für den allerersten Staatsanwalt, der den Fall Otto auf seinen Schreibtisch bekam: Johannes Tillmann, ehemaliger Staatsanwalt beim Sondergericht in Stettin. Ebenso galt das auch für

Generalstaatsanwalt Werner Pfromm, der das für den Fall Thälmann zuständige Kölner Büro für die Verfolgung von NS-Verbrechen leitete. Pfromm, ehemaliger nationalsozialistischer Führungsoffizier, wurde am 1. Oktober 1944 von seinen Vorgesetzten als überzeugter Nationalsozialist gelobt, „der auf Grund seiner genossenen Schulung in den Gliedern der Partei [...] stets geeignet ist, nationalsozialistisches Gedankengut zu vermitteln."[77] Auch Pfromms Untergebener und erster Leiter der Kölner Zentralstelle, Heinrich Gierlich, war vor 1945 Staatsanwalt sowie Parteimitglied.[78] Und schließlich gab es, wie wir sahen, noch den Kölner OLG-Rat Hans Mittelbach, der den Haftbefehl Thälmanns damals aus voller Überzeugung unterschrieben hatte.

Die Tatsache, dass „braune" Juristen hinter den Kulissen der Thälmann-Ermittlungen auftauchten, kann eigentlich kaum als Zufall bezeichnet werden in einem Staat, in dem die Türen für ehemalige NS-Funktionäre von Anfang an vom Gesetzgeber weit geöffnet worden waren. Soweit sie nicht bereits selbst den Weg zurück in die westdeutsche Staatsbürokratie gefunden hatten – wie Mittelbach und Pückert –, wurden sie durch den im April 1951 eingeführten Artikel 131 des Grundgesetzes, der ihre Wiedereingliederung in den öffentlichen Dienst regelte, ausdrücklich dazu aufgefordert. Was die Justiz betrifft, so wird die Wirkung dieses Verfassungsartikels treffend dadurch veranschaulicht, dass es in den 1950er-Jahren in der Bundesrepublik Gerichtsbezirke gab, in denen der Anteil der Richter mit nationalsozialistischem Hintergrund noch höher war als jemals während des Dritten Reiches. Die Erklärung für dieses bemerkenswerte Phänomen lag im Zustrom deutscher Juristen aus den Ostblockstaaten und Elsass-Lothringen, die sich alle auf Artikel 131 GG beriefen.[79]

Die ehemaligen Spitzenbeamten der Hitler-Justiz wurden in Nürnberg wegen Kriegsverbrechen verurteilt, aber bald wieder freigelassen. Man konnte sie zwar nicht rehabilitieren, aber doch äußerst nachsichtig behandeln.[80] Zum Beispiel den ehemaligen Staatssekretär und amtierenden Justizminister, Franz Schlegelberger. Gemeinsam mit seinem Chef, Minister Gürtner, hatte Schlegelberger unter anderem den

Massenmord Hitlers an den deutschen Geisteskranken rechtlich sanktioniert und vertuscht, nachdem beide – „nach eingehender gemeinsamer Prüfung der Rechtsnatur" – zu dem Schluss gekommen waren, dass Hitlers „Euthanasie-Erlass" die Legitimität nicht abgesprochen werden konnte.[81] Bei seiner Pensionierung 1942 erhielt Schlegelberger von Hitler für seine Verdienste eine Gratifikation von 100.000 Reichsmark. In der Bundesrepublik empfing er darüber hinaus noch eine „Pensionsnachzahlung" von 160.000 DM sowie eine monatliche Rente von 2.894 DM.[82] Sein Nachfolger, der Staatssekretär Curt Rothenberger, der an der „Vernichtung durch Arbeit" beteiligt gewesen war, indem er verurteilte Häftlinge zur Arbeit in den Konzentrationslagern an die SS entließ, musste sich mit einer monatlichen Zahlung von 2.073 Mark abfinden, und der Mann, der sich als ehemaliger Chefankläger am Volksgerichtshof verdient gemacht hatte, Ernst Lautz, mit 1.342 Mark.

Doch neben den wenigen, die wegen ihrer allzu kompromittierenden Nazi-Vergangenheit in den Ruhestand versetzt wurden, gab es viele, die sich bald wieder in Schlüsselpositionen des Justizsystems der Bundesrepublik wiederfanden.[83] So auch der ehemalige Ministerialrat des Reichsjustizministeriums, Dr. Josef Schafheutle, der sich zuvor seine Sporen mit der Entwicklung des besonderen politischen Strafrechts des Dritten Reichs verdient hatte. Offenbar erschien es nur folgerichtig, dass dieser Experte im Bundesjustizministerium verantwortlich wurde für die Entwicklung des politischen Strafrechts – das schließlich wie in der Vergangenheit den Staat vor kommunistischer Gefahr zu schützen hatte. Auch Dr. Ernst Kanter, ehemaliger Richter am Reichskriegsgericht und ab 1943 oberster Richter des Oberbefehlshabers der deutschen Truppen in Dänemark, wirkte an der Entwicklung dieses politischen Strafrechts mit: In seiner Ministerialfunktion koordinierte er den zuständigen Ausschuss. Dabei war Kanter während des Krieges an der Vollstreckung von mindestens 103 Todesurteilen gegen dänische Widerstandskämpfer beteiligt gewesen. Trotz seiner „dänischen Vergangenheit" wurde Kanter im Mai 1951 auch dazu eingesetzt, mit der dänischen Regierung eine

Amnestie für verurteilte deutsche Kriegsverbrecher auszuhandeln. Kanter wurde außerdem für geeignet befunden, die Untersuchung der Vorwürfe der DDR gegen ehemalige NS-Richter (siehe unten) zu leiten. Letztlich wurde er dann auch selbst Opfer dieser Vorwürfe: Ein Jahr nach seiner Ernennung zum Präsidenten des Senats für politische Strafsachen des Bundesgerichtshofs 1958 trat er vorzeitig in den Ruhestand.[84]

Ebenfalls im Bonner Justizministerium zu finden war Franz Massfeller, ehemaliger Kommentator der Nürnberger Rassengesetze und Vertreter des Reichsjustizministeriums als Experte für Familienrecht auf den Wannsee-Konferenzen vom 6. März und 27. Oktober 1942. Bei diesen Folgetreffen zur berüchtigten ersten Wannsee-Konferenz (auf der Heydrich den Teilnehmern die „Endlösung der Judenfrage" ankündigte) ging es um den Vorschlag von Staatssekretär Wilhelm Stuckart, „Mischehen" aufzulösen und jüdische „Mischlinge" zwangssterilisieren zu lassen. Im Protokoll des März-Treffens wurde die Möglichkeit einer praktikablen Rechtsgrundlage für eine solche Zwangssterilisation infrage gestellt. Unter Beibehaltung einer gewissen Skepsis wurde jedoch eine mögliche Lösung vorgeschlagen, nämlich:

> [...] einen Rechtssatz des Inhaltes zu schaffen, dass eine bestimmte Stelle ermächtigt werde, „die Lebensverhältnisse der Mischlinge zu regeln." Es bliebe aber zweifelhaft, ob dies als Rechtsgrundlage ausreiche.

Im Oktober wurde allerdings eine Lösung gefunden: Der Mischling würde vor die „Wahl" gestellt, sich „freiwillig" sterilisieren zu lassen oder deportiert zu werden. Die Konferenzteilnehmer waren von dem Erfolg überzeugt und erwarteten, dass „sich nahezu sämtliche Mischlinge 1. Grades für das kleinere Übel der Sterilisation entscheiden werden". Aber auch an die anderen wurde gedacht:

> Sollten sich die Mischlinge ersten Grades vereinzelt für die Abschiebung entscheiden, so ist dafür Sorge zu tragen, dass ihnen durch eine Trennung vom anderen Geschlecht jedwede Möglichkeit der Fortpflanzung genommen wird [...].

Nach dem Krieg erfolgte Massfellers Rückkehr ins Justizministerium schon 1950, wieder als prominenter Spezialist für Familienrecht.[85]

Kanters Nachfolger als Koordinator der Großen Strafrechtskommission war der Mann, der wie kein anderer die westdeutsche NS-Strafverfolgung der Nachkriegszeit prägen sollte, indem er dafür sorgte, dass die für Hitlers Terror- und Völkermordpolitik noch lebenden Hauptverantwortlichen dieser Strafverfolgung durch die Hintertür entkamen. Eduard Dreher war in den Kriegsjahren Staatsanwalt am Sondergericht Innsbruck gewesen und hatte sich u. a. durch drakonische Strafforderungen in Bagatellsachen ausgezeichnet, die sogar seine Kollegen und Parteifreunde in Erstaunen versetzten. Nach dem Krieg trat Dreher als Strafrechtsreferent in das Justizministerium ein und avancierte „zum einflussreichsten Mann der Nachkriegs-Strafrechtsentwicklung" in der Bundesrepublik.[86]

1965 war es Dreher, der in einem an sich nicht sehr auffälligen Gesetzesentwurf über Ordnungswidrigkeiten einen Artikel einführte, der einige Jahre später seine Brisanz zeigen sollte. Nachdem das „Einführungsgesetz zum Ordnungswidrigkeitengesetz" (EGOWiG) die zahlreichen Überprüfungsgremien geräuschlos durchlaufen hatte, wurde es am 10. Mai 1968 ohne weitere Beratung einstimmig vom Bundestag verabschiedet. Der erste Artikel dieses Ausführungsgesetzes enthielt die von Dreher eingeführte Bestimmung zur Änderung von § 50 des deutschen Strafgesetzbuches. Diese Bestimmung implizierte, dass unter gewissen Umständen die Höchststrafe für die Beihilfe zu einer Straftat herabgesetzt werden musste. Was dies für die Strafverfolgung der Schreibtischverbrecher des Reichssicherheitshauptamtes bedeutete, wurde sechs Monate nach Inkrafttreten des EGOWiG deutlich.

Nachdem man achtzehn Jahre lang „vergessen" hatte, diese Bürokraten der Massenvernichtung strafrechtlich zu verfolgen[87], unternahm die Berliner Staatsanwaltschaft 1963 einen energischen Versuch, dieses Versäumnis nachzuholen. Vier Jahre später standen achtzehn Strafverfahren gegen etwa dreihundert Angeklagte zur Verhandlung bereit. Im Mai 1968 – dem Monat, in dem der Bundestag die Strafrechtsnovelle Drehers kommentarlos annahm – war die Zahl der potenziellen Prozesskandidaten auf 730 gestiegen.[88] Ein Jahr später jedoch explodierte Drehers „Bombe" im Gerichtssaal des Bundesgerichtshofs. Im Mai 1969 entschied der BGH in einem Verfahren gegen einen ehemaligen „Judenreferenten" der Sicherheitspolizei in Krakau, der zuvor vom Kieler Landgericht zu sechs Jahren verurteilt worden war:

> Nach den Feststellungen des Schwurgerichts leistete der Angeklagte in den Jahren 1942 und 1943 als Kriminalassistent und Angehöriger des „Judenreferats" beim Kommandeur der Sicherheitspolizei und des SD in Krakau Beihilfe zu Vernichtungsmassnahmen gegen zahlreiche Juden. Wie das Schwurgericht weiter feststellt, wusste er, dass die Opfer allein aus Rassenhass umgebracht wurden. Er hatte jedoch selbst nicht diesen niedrigen Beweggrund, sondern gehorchte als Polizeibeamter und SS-Angehöriger nur den Befehlen, obwohl er sie als verbrecherisch erkannt hatte.
>
> Solche Beihilfe zum Mord ist nach der neuen Fassung des § 50 Abs. 2 StGB, die am 1. Oktober 1968 in Kraft getreten und nach § 2 Abs. 2 Satz 2 StGB zugunsten des Angeklagten anzuwenden ist, in Verbindung mit den §§ 211 (Abs. 1), 44 (Abs. 2) und 14 StGB nur noch mit Zuchthaus von drei bis fünfzehn Jahren bedroht. Ihre Verfolgung verjährt daher nach § 67 Abs. 1 StGB in fünfzehn Jahren. Diese Frist war schon verstrichen, ehe es wegen dieser Taten zu einer richterlichen Handlung gegen den Angeklagten kam, die die Verjährung nach § 68 StGB hätte unterbrechen können.[89]

Die hier in Juristenprosa niedergeschriebene Verjährungsentscheidung war nichts weniger als die logische Konsequenz von Drehers Gesetzesänderung. Ab Oktober 1968 galt für Mordgehilfen eine Höchststrafe von fünfzehn Jahren, wenn sie nicht selbst die sogenannten „niedrigen Beweggründe" (wie Rassenhass) besaßen (und auch die anderen Merkmale der Mordparagrafen nicht anwendbar waren). Und Verbrechen mit einer solchen Höchststrafe galten ab dem 8. Mai 1960 als verjährt. Infolgedessen wurde nicht nur das Verfahren gegen den Krakauer Judenreferenten, sondern auch gegen fast alle seiner Kollegen im Reichssicherheitshauptamt eingestellt. Wie ein deutscher Publizist bemerkte: „Der RSHA-Komplex stürzte ein wie ein Kartenhaus."[90]

Ministerialbeamte wie Schafheutle, Kanter, Massfeller und Dreher bildeten aber nur die Spitze einer kolossalen braunen Masse. Denn auch anderswo, bei den Gerichten, der Kriminalpolizei, den Geheimdiensten, an den Universitäten und in Politik und Wirtschaft, kehrten die ehemaligen NS-Juristen nach der Gründung der Bundesrepublik Deutschland in großer Zahl zurück. Ohne Zweifel war die 1957 begonnene Kampagne der DDR gegen „Hitlers Blutrichter" in Westdeutschland politisch motiviert, aber das änderte wenig an ihrer substanziellen Treffsicherheit. Wie ein kritischer DDR-Beobachter bemerkte: „Die Unerträglichkeiten mussten von den Propagandisten der SED nicht erfunden, sondern nur aufgesammelt werden."[91] So enthielt beispielsweise die dritte und letzte Ausgabe des ostdeutschen Braunbuchs über „Kriegs- und Naziverbrecher in der Bundesrepublik und in West-Berlin" nicht weniger als 1118 Namen hochrangiger Justizbeamter, Staatsanwälte und Richter, die nach Angaben des Herausgebers „durch ihre führende Tätigkeit bei der Vorbereitung und Durchführung der nazistischen Verbrechen und Aggressionsakte tatsächlich belastet sind beziehungsweise unmittelbar an Massenmorden teilgenommen, dafür die Befehle erteilt oder sie als intellektuelle Urheber vorbereitet haben."[92]

Es versteht sich wohl von selbst, dass diese justizielle „Renazifizierung" wenig Vertrauen in die Effektivität und Glaubwürdigkeit der Strafverfolgung von Naziverbrechen in der Bundesrepublik setzte. Die Enttäuschung und das Misstrauen derjenigen, die für eine intensivere Aufarbeitung der NS-Vergangenheit eintraten, waren daher enorm. Fügt man noch die von der westdeutschen Justiz in den Jahren des Kalten Krieges gegen Kommunisten und andere linke Kritiker der Adenauer-Regierung verübten „Hexenjagden" hinzu, so erhält man die Palette der Hintergrundfarben, vor der eine staatsanwaltschaftliche Glosse über einen Zeugen als Kolporteur kommunistischer Pamphlete seine Bedeutung erhält. Denn natürlich war die Notiz von Staatsanwalt Korsch über den „Augenzeugen" Zgoda weit mehr als eine trockene Tatsachendarstellung. Trotz seines Leugnens, jemals kommunistische Sympathien gehegt zu haben, und trotz seiner unschuldigen und keineswegs unglaublich klingenden Erklärung für die Verteilung der fraglichen Flugblätter war Korschs Charakterisierung als klare Disqualifizierung von Zgodas Zuverlässigkeit als Zeuge gedacht. Dass es schließlich doch noch zu einem Prozess im Fall Thälmann kam, war, wie Heinrich Hannover am Tag vor seiner Eröffnung auf einer Pressekonferenz betonte, keineswegs das Verdienst der westdeutschen Justiz, sondern nur der zähen Hartnäckigkeit geschuldet, mit der Thälmanns Angehörige über mehr als zwei Jahrzehnte hinweg im westdeutschen Justizlabyrinth ihr Recht gesucht hatten.[93]

10. Der Prozess in Krefeld

Der Prozess gegen den mittlerweile 74-jährigen Rentner Wolfgang Otto wurde vor dem Krefelder Gericht am verregneten Dienstagvormittag des 5. November 1985 eröffnet. Das Medieninteresse war enorm, und die anwesenden Journalisten aus dem In- und Ausland – vor allem aus dem Ostblock – erhielten nur zum Teil Zutritt zu dem schwer bewachten Gerichtssaal Nummer 157.[94] Rund zweihundert Mitglieder der Deutschen Kommunistischen Partei (DKP) demonstrierten bereits Stunden vor Beginn der Verhandlung mit Fackeln, roten Fahnen, Bannern und Kampfliedern vor dem Gerichtsgebäude. Einige Anwohner protestierten gegen den „unverschämten Krach."[95] Der deutsche Kommunistenführer Herbert Mies marschierte mit seinen Sekundanten pontifikal durch den Gerichtssaal und stritt mit den Gerichtsdienern um Zugang zur überfüllten Zuschauertribüne, begleitet von der martialischen Aufforderung: „Platz für den Nachfolger Thälmanns!" Der 73-jährige DKP-Präsident Kurt Bachmann – ehemaliger Häftling von Auschwitz und Buchenwald – sprach vor Reportern über den historischen Moment: „Dass dieser Prozess 40 Jahre nach Kriegsende stattfindet, ist von hoher gesellschaftspolitischer Bedeutung. Ein Ereignis der Geschichte." Außerhalb des Gerichtssaals scharten sich Demonstranten mit einer Zeitungssonderausgabe mit der Überschrift: „Ernst Thälmanns Mörder in Krefeld vor Gericht".[96]

Die hohen Erwartungen konnten jedoch nicht darüber hinweg-täuschen, dass die Krefelder Richter in diesem höchst unkonventionellen Strafverfahren vor einer fast unmöglichen Aufgabe standen. Der Fall war in erster Linie ungewöhnlich, weil der Kölner Staatsanwalt Hans-Joachim Röseler selbst nicht an eine Verurteilung des Angeklagten glaubte und aus diesem Grund die Ermittlungen schon zweimal eingestellt hatte. Die Begründung von Ottos Verantwortung für den Mord an Thälmann überließ er daher dem gesetzlichen Vertreter seiner Tochter, Heinrich Hannover.[97]

Ungewöhnlich war der Fall aber auch deshalb, weil die Hauptzeugen entweder bereits verstorben (Zgoda, Berger, Stobbe, Müller, Rohde, Morgen, Barnewald usw.) oder geistlich so weit heruntergekommen waren (Fricke), dass von einer sinnvollen Vernehmung nicht mehr die Rede sein konnte. Das bedeutete, dass sich das Gericht mit jahrzehntealten Aussagen der Beteiligten begnügen musste. Und natürlich bedeutete das auch, dass es nicht mehr möglich war, die zahlreichen Diskrepanzen und Zweideutigkeiten in diesen Aussagen zu klären. Es gab deshalb reichlich Grund für Skepsis gegenüber dem Ausgang des Prozesses.[98]

Wolfgang Otto wurde wegen Beihilfe zum Mord an Thälmann angeklagt. Aber wurde Thälmann überhaupt ermordet? Das war offensichtlich eine entscheidende Frage, die vor dem Krefelder Prozess faktisch noch von niemandem geklärt worden war und die nun von den Richtern einer genauen Prüfung unterzogen wurde. Dabei wurde auch die von den Nazis verbreitete Version von Thälmanns Tod behandelt. Am 15. September 1944 war im *Völkischen Beobachter* folgender Bericht erschienen:

> Bei einem Terrorangriff auf die Umgebung von Weimar am 28. August 1944 wurde auch das Konzentrationslager Buchenwald von zahlreichen Sprengbomben getroffen. Unter den dabei ums Leben gekommenen Häftlingen befinden sich unter anderem die ehemaligen Reichstagsabgeordneten Breitscheidt und Thälmann.[99]

Wie bereits erwähnt, wurde diese Nachricht, zumindest was Thälmann betraf, von vielen sofort als irreführende Propaganda angesehen. Wie sich im Laufe des Prozesses herausstellte, gab es aber auch Menschen, die sie für wahr hielten, und einige meinten, sie hätten sogar die Beweise dafür.

Am einfachsten war es, in den behördlichen Berichten über Thälmanns Tod die Datierung zu widerlegen. Die alliierten Bombardierungen der Waffenfabriken der Gustloff-Werke und der Deutschen Ausrüstungswerke in der Nähe des Lagers fanden nicht am 28., sondern am 24. August 1944 statt und waren sogar in einer Radiosendung der BBC am Tag zuvor angekündigt worden.[100]

Unter den Zeugen, die zur Verhandlung erschienen oder deren Aussagen verlesen wurden, gab es einige, die ihr Wissen über den Tod Thälmanns während des Bombardements lediglich gerüchteweise erfahren hatten. Da ihre Gesprächspartner in der Zwischenzeit verstorben oder unauffindbar waren und sich ihre Geschichte daher jeder Überprüfung entzog, waren ihre Aussagen als Beweismittel kaum von Nutzen. Zudem stellten sich einige Zeugen als „angeworben" heraus, zum Beispiel durch Anzeigen in der rechtsextremen *National- und Soldatenzeitung*. Die Zeitung forderte wiederholt Zeugen auf, sich gegen die Anschuldigungen zur Wehr zu setzen, die „die kommunistische Propaganda" gegen Otto erhoben hatte. Eine ehemalige Angestellte der Weimarer Heeresstandortverwaltung meinte zum Beispiel, sie habe Thälmanns Namen auf einer Opferliste gesehen: „Ernst Thälmann stand an zweiter Stelle. Das ist mir gleich ins Gesicht gesprungen, weil man den Mann ja kannte. Das war genau so, als hätte da Adolf Hitler gestanden." Das Gericht nahm ihre Aussage zur Kenntnis und fügte hinzu:

> Die Angabe belegt allenfalls, dass das Täuschungsmanöver der SS konsequent und bürokratisch durchgeführt werden sollte, nicht aber, dass Thälmann tatsächlich Opfer des Angriffs geworden ist. Die Aussage ist also insofern unergiebig, zeigt allenfalls, aus welchen interessierten Kreisen die Suche nach Zeugen für den Bombentod betrieben wurde.[101]

Zu diesen Kreisen gehörte auch die Organisation ehemaliger Waffen-SS-Angehöriger, die sogenannte *Hilfsgemeinschaft auf Gegenseitigkeit der Angehörigen der ehemaligen Waffen-SS (HIAG)*, die ein Flugblatt mit dem Gerücht verbreitete, der Kommunistenführer habe im Prominentenlager ein bequemes Leben geführt und sogar „Spaziergänge bei äusserst diskreter Bewachung machen dürfen."[102]

Aus derselben Quelle stammte ein Zeuge, der behauptete, am Tag nach dem Bombardement in der *Thüringischen Landeszeitung* über Thälmanns Tod gelesen zu haben. Zu seinem Bedauern teilte das

Dortmunder Institut für Zeitungsforschung aber auf Nachfrage mit, dass diese Zeitung 1944 überhaupt noch nicht existierte.[103] Aus der beigefügten Liste der damals in Weimar erschienenen Zeitungen schien nur die *Thüringer Gauzeitung – Der Nationalsozialist* infrage zu kommen. Nachforschungen im Staatsarchiv Weimar ergaben jedoch, dass „in der Zeit vom 24. August 1944 bis 14. September 1944" nichts über Thälmann oder Breitscheid in der Zeitung erschienen war. Erst am 15. September berichtete die Gauzeitung, was auch im *Völkischen Beobachter* (und allen anderen deutschen Zeitungen) zu lesen war.[104]

Wesentlicher schien die Aussage eines 71-jährigen ehemaligen Luftwaffenfeldwebels zu sein, der nach dem Bombardement bei den Aufräumarbeiten im Lager geholfen hatte. Er hätte Ernst Thälmanns Leiche in der Reihe der Opfer neben der von Breitscheid gesehen. Ein anwesender SS-Mann hätte ihm die Leichen gezeigt und erwähnt, dass Thälmann und die anderen Opfer während des Angriffs in Panik in den elektrisch geladenen Lagerzaun gerannt seien. Der Zeuge konnte sich nach seinen Worten nicht in Thälmanns Person getäuscht haben, denn er kannte ihn nur zu gut von den Plakaten mit der Darstellung des Kommunistenführers, die vor 1933 „ja bis auf den letzten Bauernhof" angeklebt worden waren.[105] Die vom Vorsitzenden des Gerichts gestellte Frage, warum er bei seiner Zeitangabe des Vorfalls nun ausgerechnet der falschen Datierung des *Völkischen Beobachters* folgte, wurde mit Achselzucken und Schweigen beantwortet. Die weitere Beschreibung der von ihm angeblich beobachteten Leichen gab noch mehr Anlass für Zweifel. So hätte der Zeuge nur kahl geschorene Leichen in gestreifter KZ-Kleidung gesehen. Da Thälmann nie in Buchenwald interniert gewesen war, konnte Letzteres nicht auf ihn zutreffen. Und kahl geschorene Köpfe waren zwar charakteristisch für KZ-Häftlinge, aber eben nicht für Thälmann, dessen Glatze prominent auf allen Plakaten zu sehen war, die der Zeuge so gut zu kennen glaubte.[106]

Gegenüber den Zeugenaussagen, die Thälmanns Tod mit dem alliierten Luftbombardement in Verbindung brachten, gab es eine größere Zahl, die seine Hinrichtung im Krematorium eindeutig bestätigten. Dazu gehörten nicht nur die Aussagen Zgodas, sondern auch die zahlreicher anderer ehemaliger Buchenwald-Häftlinge und sogar die von SS-Bewachern. Dass Thälmann nie als Häftling in Buchenwald interniert war und daher nicht Opfer des Bombenangriffs gewesen sein konnte, wurde sowohl von Häftlingen, die der sehr gut informierten illegalen (kommunistischen) Lagerorganisation angehört hatten, als auch vom Angeklagten Otto selbst bestätigt. Dass er stattdessen bis August 1944 im Gefängnis in Bautzen inhaftiert gewesen war, entstammte einer Meldung seines ehemaligen tschechischen Mitgefangenen Vladislav Spisar:

> Thälmann befand sich im Mai 1944 im Gefängnis Bautzen, Flügel 1, 2. Stock, Zelle 14. Er hatte Einzelhaft und Erlaubnis für früh- sowie nachmittags je eine Stunde Spaziergang. Alle anderen Häftlinge hatten strengsten Befehl, den Kopf abzuwenden, wenn sie diesen Gefangenen trafen. Sein Aussehen in dieser Zeit war schlecht. Zwischen dem 15. und 18. August 1944, den genauen Tag kann ich nicht angeben, wurde Thälmann im Auto, eskortiert von zwei weiteren, mit SS besetzten Wagen, weggebracht. Kurz nach der Abfahrt hatte es sich im ganzen Gefängnis herumgesprochen, dass die Fahrt nach Weimar gegangen ist.[107]

Spisars Darstellung wurde durch den ehemaligen Leiter des Kriminalamtes in Bautzen, der bereits 1946 die Hintergründe von Thälmanns Tod untersucht hatte, bestätigt. Aufgrund von Aussagen von Gefängniswärtern war festgestellt worden, dass Thälmann an einem Samstagabend im August 1944 gegen 22.00 Uhr tatsächlich von der Gestapo aus seiner Zelle geholt und in einer schwarzen Limousine ohne SS-Kennzeichen, aber mit Berliner Nummernschild, auf besonderen Befehl einer höheren Instanz abtransportiert worden war.[108]

Dass Thälmann von Bautzen nach Buchenwald verlegt und dort auf die von Zgoda beschriebene Art und Weise getötet worden war, zeigte sich erneut in einer Reihe von Aussagen ehemaliger Lagerhäftlinge und SS-Bewacher. Eine Schlüsselrolle spielte dabei die Aussage eines weiteren Mitglieds des Krematoriumskommandos, des polnischen

Ökonomen Zbigniew Fuchs. Als einer der wenigen Zeugen war Fuchs zum Zeitpunkt von Ottos Prozess noch am Leben und konnte daher ausführlich über die Ereignisse vernommen werden. Im Gegensatz zu Zgoda war er kein *Augen-*, sondern ein *Ohren*zeuge des Mordes an Thälmann, aber seinem Bericht zufolge ein äußerst wichtiger:

Am 17. August 1944 – das Datum habe ich mir deshalb gemerkt, weil es drei Tage nach meinem Geburtstag liegt – kam nachmittags zu einer mir nicht mehr genau erinnerlichen Uhrzeit der Befehl von Müller, dass wir einen Ofen anheizen sollten. Ausser den sechs Leichenträgern befanden sich im Krematoriumsbereich ausser Müller und Rohde noch zwei Kommandoführer, nämlich Warnstedt und Stobbe.

Nach einiger Zeit kam der Befehl, dass das Feuer aufrechtzuerhalten sei, das heisst Koks nachzuschütten sei. Wir hatten Telefongespräche in deutscher Sprache gehört, da das Büro der Kommandoführer im gleichen Gebäude war. Der Gesprächsinhalt ist mir nicht bekannt. Ich kann deshalb dazu nichts sagen.

Nach einiger Zeit, etwa gegen 19.00 oder 20.00 Uhr, es war noch hell, kam der Befehl von Müller, dass wir uns in die Unterkunft begeben sollten. Diese wurde von ihm von aussen zugesperrt. Wir durften aus dem Krematoriumsbereich nicht ohne ausdrückliche Erlaubnis weggehen. Später konnten wir Bewegungen im Hofbereich beobachten. Unser Fenster ging zum Hof des Krematoriums, und zwar waren es etwa 15 Meter bis zum grossen Tor. Wir hörten Geräusche und deutsche Sprache, nahmen irgendwie Bewegungen wahr, konnten aber durchs Fenster nichts sehen. Wir konnten den Eingang nicht sehen. Wir hörten, wie das Tor des Krematoriums geöffnet wurde, und zwar an dem typischen Knarren, das auch bei sonstigen Gelegenheiten auftrat, wenn LKWs mit Leichen eintrafen. Wir hörten Gesprächsfetzen, und ich hörte drei Schüsse. Die genaue Uhrzeit ist mir nicht bekannt, da ich keine Uhr hatte. Ich meine aber, dass es so gegen 22.00 bis 24.00 Uhr gewesen sei. Danach hörten wir weitere Gesprächsfetzen. Ausserdem hörten wir Türgeräusche. Eine Türe wurde zugeknallt, dann trat Stille ein. Danach haben wir nichts mehr gehört.

Am nächsten Morgen nach dem Appell wurde vom Kapo Müller befohlen, dass wir das übliche Aufräumen im Krematoriumsbereich durchzuführen hätten. In einem der zwei Öfen, die jeweils drei Kammern aufweisen, fanden wir die Reste eines Leichnams in Form von Asche und holten diese heraus. Ausserdem habe ich ein Stück Metall wahrgenommen, bei dem es sich um die Reste einer Uhr gehandelt haben kann. Es war nicht total vernichtet worden trotz der hohen Temperatur des Ofens. Beim Reinigen des Bodens, der mit Platten belegt war, fiel uns auf, dass vor dem Fenster, das vis-a-vis dem Krematoriumstor liegt, drei Kerben bzw. Vertiefungen in der Wand in der Nähe des Fensters waren, bei denen es sich nach unserer Einschätzung um Geschossspuren handelte. Während des Aufräumens sprach Müller uns an und fragte uns, ob wir wüssten, wer in der Nacht erschossen worden sei. Er sagte uns, dass es der bekannte Kommunistenführer Thälmann gewesen sei. Nach dem Einschliessen in der Unterkunft durch Müller hat keiner der Häftlinge die Unterkunft verlassen.[109]

Obwohl Fuchs keine Namen von SS-Männern nennen konnte, die an der Hinrichtung Thälmanns teilgenommen hatten, bestätigte seine Darstellung durchaus den Kern von Zgodas Aussage. Äußerst wichtig in dieser Hinsicht war die Tatsache, dass sich das Gericht – anders als im Fall des bereits verstorbenen Zgoda – während der zweitägigen Vernehmung in der mündlichen Verhandlung ein gutes Urteil über den Zeugen Fuchs bilden konnte. Und dabei machte er, so das Gericht, „einen absolut vertrauenswürdigen Eindruck". „Der Zeuge, ein intelligenter und gebildeter Mensch, war erkennbar bemüht, seine Erinnerungen zutreffend wiederzugeben. Er machte, soweit er sich nicht sicher war, die gebotenen Einschränkungen, spekulierte nicht und war sich seiner Verantwortung als Zeuge ständig bewusst."[110]

Was die Zuverlässigkeit betrifft, so war der von Fuchs erwähnte Kapo des Krematoriums, Josef („Jupp") Müller, das komplette Gegenteil – laut Urteil des Gerichts „eine durchaus zwielichtige Figur". Im September 1939 war er als sogenannter Berufsverbrecher in Buchenwald eingeliefert und ab 1943 zum Leiter des aus Häftlingen bestehenden

Krematoriumskommandos ernannt worden. Er wurde am 15. September 1947 in einem der Dachau-Prozesse wegen Beteiligung an der Erhängung von 54 Häftlingen (darunter 37 polnische Offiziere) im Krematorium von Buchenwald zum Tode verurteilt. Einer der wichtigsten Zeugen gegen ihn war sein ehemaliger Untergebener Marian Zgoda. Er berichtete dem amerikanischen Gericht, dass Müller bei allen Hinrichtungen als Kapo anwesend gewesen war. Beim Erhängen sei es, so Zgoda, Müllers Aufgabe gewesen, die Opfer hochzuheben, während SS-Leute ihnen die Schlingen um den Hals legten. Nach fünf bis zehn Minuten nahmen Müller und seine Assistenten die an Haken aufgehängten Opfer wieder ab und diese wurden, wenn sie noch Lebenszeichen gaben, von Müller zu Tode geprügelt. Nach Abschluss half er der SS, die Ringe und Uhren der Opfer zu entfernen.

Müller entging nur knapp der Todesstrafe, weil die US-Militäranwälte, die seinen Fall beurteilten, befanden, dass er möglicherweise „in geringem Maße" unter Zwang gehandelt haben könnte.[111] Seine Strafe wurde in lebenslange Haft umgewandelt und er wurde 1957 freigelassen. Müller hatte daher noch eine Rechnung mit Zgoda zu begleichen, als er Anfang der 1960er-Jahre im Fall Thälmann gehört wurde. Wir werden auf diese Abrechnung später zurückkommen, aber es ist wichtig, hier festzuhalten, dass auch Müllers Aussage im wesentlichen Zgodas und Fuchs' Versionen von Thälmanns Tod unterstützte. Nachdem er zunächst erklärte, dazu nichts sagen zu können, malte er im weiteren Verlauf seines Verhörs am 12. Juni 1963 dennoch eine Hinrichtung, die „etwas mit Thälmann zu tun haben könnte":

Kommandoführer waren damals Unterscharführer Stobbe und Oberscharführer Warnstedt. Beide waren auch bei dieser Aktion zugegen. Ich verbessere mich: Nur Stobbe war zugegen. Stobbe vertrat ihn im Nachtdienst, da Warnstedt in Berlstedt verheiratet war und schon nach Hause gegangen war.

Gegen 10.00 Uhr oder 10.30 Uhr befand ich mich schlafend in meiner Unterkunft im Krematorium. Stobbe weckte mich und erklärte auf meine Frage, dass es nicht viel Arbeit gäbe. Er ging mit mir in den Heizraum, wo sich noch ein weiterer, mir unbekannter SS-Mann befand. Ich musste einen Ofen feuern und Stobbe bedrängte mich sehr. Anschliessend mussten Hein Rohde, der inzwischen auch geweckt worden war, und ich uns fertig anziehen und auf Weisung des Kommandanten (durch Stobbe) das Krematorium verlassen. Wie Stobbe auf meine Einwendung hin sagte, sollte vor die Unterkunft der übrigen schlafenden Krematoriumshäftlinge ein SS-Posten gestellt werden. Ich ging dann zusammen mit Hein Rohde auf die Lagerstrasse und hielt mich unweit der Schreibstube auf. Es war nun gegen 23.00 Uhr. Von diesem unseren Standpunkt aus bemerkte ich, wie vom Tor zwei Autos (Limousinen) mit abgeblendeten Lichtern und gedrosseltem Motor leise zum Krematorium fuhren.

Hier möchte ich einflechten, dass Hein Rohde befürchtet hatte, man wolle uns töten. Nun war die Ankunft dieser Wagen die uns erleichternde Lösung der bisherigen eigenartigen Erkenntnisse.

Kurz darauf hörte ich aus der Richtung des Krematoriums einen oder zwei Schüsse fallen. Ich konnte dies genau feststellen, weil der grosse Ventilator des Krematoriums den Schall zu uns trug. Nur wenig später hörte ich lautes Blechgeklapper, als ob die Blechwanne zum Transport der Leiche in den Ofen – ein mir durchaus vertrautes Geräusch – bewegt wurde. Wieder wenig später fuhren die beiden Limousinen zum Lagertor hinaus. Es ertönten dann zwei Pfiffe vom Krematorium her und man rief uns zurück. Hein Rohde wurde dann von der SS in die Unterkunft zurückgeschickt. Während Stobbe, der bereits genannte SS-Mann, und ein neu hinzugekommener dritter SS-Mann (jung und blond) mich genau beobachteten, musste ich auf Stobbes Geheiss hin den Ofen weiter heizen. Als die Leiche verbrannt war (Brenndauer 15-20 Minuten), musste ich auf Anordnung von Stobbe den Ofen ausmachen und abstellen und mich anschliessend schlafen legen. Dies war bereits nach Mitternacht.

Am nächsten Morgen haben Fuchs und Zgoda den Ofen gesäubert und die Asche in einen Kübel geschüttet. In der Asche wurden noch Teile einer wohl billigen Blech-Taschenuhr gefunden. Ich habe sie selbst in der Hand gehabt. Die Leichenträger werden diese Uhrteile wohl weggeworfen haben. Später habe ich mich natürlich mit anderen darüber unterhalten, wer wohl der Tote gewesen sei. Ich kann aber nicht mehr sagen, ob in diesen Gerüchten der Name Thälmann gefallen ist. Kurze Zeit nach diesem Vorfall habe ich sogar im Büro des Krematoriums Stobbe nach diesem Toten gefragt. Er erklärte mir aber nur, dass es sich um „eine hohe berühmte Persönlichkeit" gehandelt habe. Aus einer Zeitung habe ich dann kurz darauf entnommen, dass Thälmann angeblich bei dem Bombenangriff auf das Lager umgekommen sein soll.[112]

Auch Müllers Kumpane, der Krematoriumsheizer Hein Rohde, unterstützte in seinen Aussagen gegenüber Staatsanwalt Korsch 1962 und 1963 die Versionen von Zgoda und Fuchs über den Tod Thälmanns. Und Rohde fügte noch ein weiteres Detail hinzu, das keinen Zweifel an der Identität des Opfers ließ: Er hatte am Morgen nach dem Mord seine Asche im Ofen gesehen, ebenso wie die gefundenen Uhrenreste und ein Paar schwarzer Schuhe, die offenbar dem Opfer gehörten. Sowohl die Uhr als auch die Schuhe hätten die Initialen Thälmanns enthalten.[113]

Die Geschichte von Thälmanns Hinrichtung wurde außerdem von einigen zwischenzeitlich verstorbenen SS-Männern bestätigt oder unterstützt. Zum Beispiel durch den ehemaligen SS-Sturmbannführer Otto Barnewald, der von den Amerikanern im selben Prozess wie Otto zum Tode verurteilt worden war. Da seine Aktivitäten im Lager administrativer Natur gewesen waren und er persönlich keine Opfer auf dem Gewissen zu haben schien, hielten die Amerikaner nach reiflicher Überlegung die Todesstrafe für übermäßig und reduzierten sie auf lebenslange Haft. Im Sommer 1954 wurde Barnewald freigelassen. 1963 wurde auch er im Zusammenhang mit dem Mord an Thälmann von Staatsanwalt Korsch vernommen. Er erklärte dabei, er habe auf der Straße von Weimar nach Buchenwald, etwa drei Kilometer vom Lager entfernt, eine schwarze Limousine mit Berliner Kennzeichen gesehen. Nachdem im *Völkischen Beobachter* die Nachricht erschienen war, in der

Thälmann dem Luftangriff zum Opfer gefallen sein sollte, äußerte Barnewald seine Verwunderung über die Meldung gegenüber dem Adjutanten des Lagerkommandanten Pister, Hans Schmidt, da er sich als Verwaltungsführer sicher war, dass Thälmann nie Teil der Lagergemeinschaft gewesen sei. Und in einem weiteren Gespräch mit Pister selbst hatte dieser auch zugegeben, dass die Nachricht tatsächlich falsch sei. Nach dem Krieg hatte Barnewald im Internierungslager Dachau erneut mit Schmidt und Pister über den Vorfall gesprochen. Pister hätte ihm dabei erzählt, dass Thälmann in einem schwarzen Auto von Berlin nach Buchenwald gebracht und im Lager erschossen worden wäre.[114]

Lagerkommandant Pister fungierte auch als Informant in der Aussage des SS-Untersuchungsrichters Dr. Konrad Morgen. Morgen hatte von Himmler den Auftrag erhalten, die weitverbreitete Korruption innerhalb der SS zu untersuchen. In dieser Eigenschaft besuchte er die größeren Konzentrationslager und sammelte umfangreiche Kenntnisse über die dort herrschenden Bedingungen. Für seine Ermittlungen gegen den ehemaligen Lagerkommandanten Karl Koch hielt er sich acht Monate in Buchenwald auf. Diese Untersuchung würde schließlich zu einem Todesurteil für Koch und zu seiner Hinrichtung am 5. April 1945 führen. Wie schon erwähnt, war auch Otto an dieser Hinrichtung als Schütze beteiligt. Während seines Aufenthaltes in Buchenwald soll Morgen im Herbst 1944 von Pister erfahren haben, dass Thälmann auf Anordnung des Reichssicherheitshauptamtes von der Gestapo – ohne Ottos Mitwirkung – heimlich im Krematorium des Lagers erschossen worden war, wonach man seine Leiche unmittelbar eingeäschert hatte.[115]

Auf der Grundlage dieser und ähnlicher Aussagen verwies das Gericht die Version, Thälmann sei beim Luftangriff der Alliierten ums Leben gekommen, endgültig in den Bereich der propagandistischen Nazifabeln. Es stellte fest, dass er tatsächlich auf Befehl von Hitler und Himmler im Krematorium von Buchenwald erschossen worden war. Zu klären blieb jetzt die Frage, ob der Angeklagte Otto an dieser Schießerei teilgenommen hatte.

11. Ottos Beteiligung

„Ich habe mit dem Tod oder der Ermordung von Ernst Thälmann nichts zu tun", so reagierte der Angeklagte, unterstützt von seinen Anwälten Marcelli und Steinacker, am ersten Prozesstag auf den gegen ihn erhobenen Vorwurf.[116] Er habe zum ersten Mal von Thälmanns Tod in Buchenwald erfahren, als er den Artikel im *Völkischen Beobachter* vom 15. September 1944 über die Bombardierung des Lagers gelesen habe. Er sei überrascht gewesen, dass auch Thälmann bei dem Bombardement getötet wurde, da niemand im Lager wusste, dass der Kommunistenführer unter den Lagerinsassen war. Und in seiner zentralen Position wäre es ihm zweifellos bekannt gewesen: „Ich hätte davon gehört, Thälmann wäre sicher in das Prominentenlager aufgenommen worden." So hatte auch Otto kein allzu großes Vertrauen in die offizielle Version von Thälmanns Tod gesetzt. Aber er hatte von dem Mord im Krematorium, wie er selbst behauptete, nichts gewusst.

Was seine Teilnahme an Hinrichtungskommandos betraf, erklärte Otto, dass er vier bis fünf Mal dazugehört habe, „also nicht übertrieben viel". Als Protokollführer hatte er auch an „einigen kleinen Hinrichtungen" teilgenommen, bei denen Häftlinge erhängt worden waren. Eine Beteiligung an dem berüchtigten Kommando 99 lehnte er jedoch entschieden ab: „Ich habe weder geschossen, ich war nicht beteiligt, ich war nicht der Leiter des Kommandos 99." Er wäre auch nie bei den Hinrichtungen durch Erhängen im Krematoriumskeller anwesend gewesen, obwohl er zugab, darüber informiert worden zu sein, weil er sich dafür „interessierte". Daher wusste er genau, wie „scheußlich" die Hinrichtungen vor sich gingen und dass es in der Regel „ein bis drei Minuten" dauerte, bis der Tod des Gehängten eintrat. Trotz Vorhalt seiner früheren Einlassungen und Aufforderung vom Gerichtsvorsitzenden Paul („Sagen Sie doch klipp und klar, dass Sie im Keller dabei waren!"), beharrte Otto darauf, dass er sein Wissen nur vom Hörensagen hatte.[117]

Nach seiner Meinung über die Rechtmäßigkeit dieser Hinrichtungen befragt, räumte Otto ein, dass das, was in Buchenwald geschehen war, im Nachhinein „ein großes Unrecht" gewesen sei. Damals hatte er jedoch „keinen Gedanken daran verschwendet." Schließlich kamen die ihm als Leiter der Lagerverwaltung vorgelegten Exekutionsbefehle alle vom Reichssicherheitshauptamt, also von einer zuständigen staatlichen Oberbehörde, die er als kleiner Beamter einfach „hinnehmen musste". In Buchenwald habe er daher „lediglich seinen Dienst geleistet" und sich stets anständig verhalten: „Es gibt keinen Häftling, dem ich auch nur einen Nasenstüber versetzt hätte."[118]

Diese Unschuldsbeteuerung erwies sich im Laufe des Verfahrens als unhaltbar. Nachdem zwei Untersuchungsrichter in den National Archives in Washington die Protokolle des US-Buchenwald-Prozesses auf neue Beweise hin überprüft hatten, wurde Ottos Rolle bei den Massenhinrichtungen deutlich. Zum Beispiel hatte er am 2. März 1947 in Dachau zugegeben, bei der Hinrichtung von zwölf bis fünfzehn russischen Kriegsgefangenen im Pferdestall anwesend gewesen zu sein. Otto in seiner damaligen Aussage wörtlich: „Ich [...] war auch in dem Raum, wo das Radio stand, und habe versucht, im Apparat gefälligere Musik einzustellen."[119] Beim Prozess in Krefeld, fast vierzig Jahre später, hatte er für diese bizarre Bemerkung eine einleuchtende Erklärung: Es sei durchaus möglich, dass er den Funkapparat einmal im Pferdestall angefasst habe, aber doch nur wegen seines Hobbys als Amateurfunkgerätebastler. Dieser Zeitvertreib, so Otto vor Gericht, hatte ihm übrigens, als er einmal an einem Kurzwellensender bastelte, eine Verwarnung des Lagerkommandanten eingebracht: „Man konnte ja Feindsender damit abhören." Darauf klang von der Zuschauertribüne ein höhnendes: „Widerstandskämpfer!"[120]

Dass sein Beitrag zu den Massenexekutionen in Wirklichkeit noch wesentlich weiter ging als der eines stimmungsempfindlichen Funkamateurs, geht aus den Äußerungen einiger beteiligter SS-Kollegen hervor. Zum Beispiel aus denen seines Vorgesetzten, des Lagerkommandanten Pister, den Otto in seiner Aussage vom 16. Juli

1945 nicht von ungefähr als Nummer 1 auf die Liste des Kommandos 99 setzte. Über Pister und seinen Adjutanten Schmidt landeten die geheimen Sonderbehandlungsbefehle des RSHA zur weiteren Ausführung auf Ottos Schreibtisch. Es war seine Aufgabe als Stabsscharführer, die für die eigentliche Hinrichtung Verantwortlichen zu instruieren: die politische Abteilung der Kommandantur, den Lagerarzt und die SS-Angehörigen, die das Hinrichtungskommando bilden sollten. Bei den Exekutionen selbst war er anwesend, um die Personalien der Opfer festzustellen, die Hinrichtungslisten zu überprüfen und über den Verlauf der Vollstreckungen Protokoll zu führen. Anschließend verteilte er dann die Sonderrationen (Schnaps, Zigaretten, Brot und Wurst) an die beteiligten SS-Männer und meldete die Hinrichtungen offiziell an Pister und an die Berliner SS-Behörden.[121]

Seine Rolle bei den Morden im Keller des Krematoriums wurde aus Ottos eigenen Worten deutlich. Während seines schon erwähnten Verhörs in Kleve am 7. November 1960 erklärte er:

Wie ich bereits früher zugegeben habe, hatte ich in meiner Eigenschaft als Stabsscharführer die Aufgabe, als Protokollführer bei Hinrichtungen im Keller des Krematoriums (Erhängungen) mitzuwirken. Ich hatte die Identität der Hinzurichtenden festzustellen und die vollzogene Hinrichtung aktenkundig zu machen. Es mögen 30-35 Fälle gewesen sein, in denen ich in dieser Weise tätig wurde. Ein Fall war der der Hinrichtung einer grösseren Anzahl polnischer Offiziere, die zum wiederholten Male geflüchtet waren, und zwar aus ihrem Kriegsgefangenenlager. In allen Fällen handelte es sich um Ausländer. Jedenfalls bin ich mir nicht bewusst, dass ich im Keller des Krematoriums jemals der Hinrichtung eines Deutschen beigewohnt hätte.[122]

Bei einer Vernehmung durch die Kölner Staatsanwaltschaft im Mai 1963 bestätigte Otto diese Aussage und fügte eine Woche später noch Folgendes hinzu:

Eine andere Möglichkeit, um Erhängungen durchzuführen, war im Keller des Krematoriums geschaffen worden. Hier war im Mauerwerk eine Reihe von

Haken angebracht. [...] Ich habe einige Male gesehen, wie Delinquenten im Keller hingerichtet worden sind. Dieser Anblick war noch weniger ästhetisch als der einer Hinrichtung durch Strick und Fallklappe. Die Häftlinge wurden nämlich hochgehoben, ihnen dann der Strick um den Hals gelegt und kamen so am Haken hängend zu Tode. Nach meinem Dafürhalten trat bei dieser Erhängungsmethode der Tod nach 1-3 Minuten ein. Ich will nicht ausschließen, dass in Einzelfällen der Tod auch erst nach längerer Zeit eingetreten ist.[123]

Doch so schockierend und illustrierend diese Enthüllungen für die Tätigkeit des Kriegsverbrechers Otto auch waren, sie waren selbstverständlich noch kein Beweis für seine Teilnahme am Mord an Thälmann. In diesem Punkt blieb der Angeklagte während des gesamten Prozesses unerschütterlich: Er war weder an der Ermordung des Kommunistenführers beteiligt, noch hatte er davon Kenntnis gehabt. Und die Beweise, die eingebracht wurden, um dieses Leugnen zu widerlegen oder zu bestätigen, waren wesentlich weniger eindeutig als jene bezüglich Ottos Beteiligung an den Massenmorden. Selbst für den geübten Prozessbeobachter war es nicht leicht, weiterhin im Labyrinth der vielen, oft widersprüchlichen Zeugenaussagen die Übersicht zu bewahren.

12. Wechselnde Zeugenaussagen

Eine Schlüsselrolle bei der Anklage gegen Otto spielten die belastenden Aussagen von Marian Zgoda. Und davon gab es, wie wir sahen, verschiedene. Die früheste stammte vom April 1947, als Zgoda den US-Militärbehörden in Dachau seine Geschichte über die Ermordung Thälmanns schilderte. Diese allererste Version war, wie von den Untersuchungsrichtern in Washington 1985 festgestellt wurde, nicht mehr vorhanden. Alle Dokumente und Zeugenaussagen, die seinerzeit in den Dachau-Prozessen nicht verwendet worden waren, waren inzwischen vernichtet. Im gleichen Monat April hatte Zgoda jedoch auch gegenüber dem amerikanischen Ermittlungsoffizier Kirschbaum eine ausführliche Erklärung abgegeben und erzählte seine Geschichte einer Reihe von Journalisten, darunter dem Herausgeber und Chefredakteur der *Frankfurter Rundschau*, Emil Carlebach. Der jüdische Kommunist und ehemalige Buchenwald-Häftling Carlebach sorgte dafür, dass Zgodas Bericht noch am 22. April 1947 unter dem Titel „Ernst Thälmann wurde erschossen und verbrannt" in der Zeitung erschien.[124]

Im Oktober 1985 stieß das Gericht in Krefeld durch die ZDF-Sendung *Kennzeichen D*, in der er über Zgodas Bericht von 1947 berichtete, zufällig auf den inzwischen 71 Jahre alten Carlebach. Im November wurde er daraufhin in der Hauptverhandlung vernommen. Als Zeuge zeigte sich das Mitglied des VVN-Präsidiums und Vizepräsident des Internationalen Buchenwald-Komitees als ein äußerst zynischer Kommentator der Bemühungen der deutschen Justiz im Fall Thälmann. Auf die Frage des Gerichtsvorsitzenden Paul, warum er die Behörden nicht früher über seine Kenntnis von Zgodas Bericht informiert habe, antwortete Carlebach: „Ich weiß nicht, ob eine ehrliche Antwort nicht eine Beleidigung für das Gericht wäre." Schließlich, so fuhr er fort, habe der Vorsitzende mit der Frage nichts anderes vor, als „nur seine Standesgenossen in Schutz [zu] nehmen." Nachdem Paul diesen Vorwurf über sich ergehen ließ und auf einer Stellungnahme bestand, erwiderte

Carlebach, dass er Anfang der 1960er-Jahre, als die Thälmann-Untersuchung zum ersten Mal eingestellt wurde, als Kommunist „den gleichen Grund gehabt [habe], einen Bogen um die westdeutsche Justiz zu machen wie um das Krematorium von Buchenwald. [...] Bedenken Sie, Herr Vorsitzender, dass die KPD nicht nur von Hitler verboten wurde, sondern auch von Adenauer". Dieser Seitenhieb wurde, wie ein Journalist bemerkte, von den DKP-Genossen auf der öffentlichen Galerie offensichtlich begrüßt.[125]

Aber auch nach Dachau hatte Zgoda oft seine Geschichte über den Mord erzählt. So wurde er am 6. November 1948 in seiner Heimatstadt München erneut über den Fall Thälmann vernommen, diesmal im Rahmen der von der Staatsanwaltschaft Weimar eingeleiteten Ermittlungen. Zgoda wiederholte gegenüber dem Untersuchungsrichter Pückert, was er bereits in Dachau ausgesagt hatte. Zwei Jahre später wurde er nochmals Zeuge, nämlich im Entnazifizierungsverfahren gegen ein weiteres Mitglied des Kommandos 99, SS-Hauptscharführer Otto Eichler. In diesem Fall erklärte Zgoda über den Mord an Thälmann:

Am 29.08.1944 ist Thälmann zu uns gebracht und noch dieselbe Nacht erschossen worden. In jener Nacht habe ich im Krematorium geschlafen, als ein PKW ankam, aus dem zwei Kriminalbeamte und ein grosser Mann mit einer Glatze stiegen. Ich habe mich hinter dem Schlackenhaufen versteckt, so dass ich alles beobachten konnte. Aus der Unterhaltung der SS-Männer, und zwar waren der Lagerarzt, Adjutant Schmidt, Berger und der Kommandoführer Warnstedt dabei, erfuhr ich, dass es Thälmann war, den man aus Hannover gebracht hatte. Als Thälmann das Krematorium betrat, stürzten sich gleich drei SS-Männer auf ihn und haben ihn erschossen. Er wurde bis auf die Schuhe, welche ich ins Lager bringen musste, verbrannt. Später hieß es, dass er durch einen Bombenangriff ums Leben gekommen sei, wir wussten jedoch, dass es eine glatte Lüge war.[126]

Abgesehen von der abweichenden Datierung des Mordes – 29. August statt 17. August wie ursprünglich angegeben – fällt auf, dass Ottos Anwesenheit hier nicht erwähnt wird.

Am 4. Juni 1962 – elf Jahre später – wurde Zgoda in München erneut zu dem Fall befragt, diesmal im Rahmen der Kölner Ermittlungen. Zwar ging er in seiner Aussage auf das ursprüngliche Datum des Verbrechens zurück und nannte auch wieder Otto als Beteiligten, aber jetzt malte er die Umstände, unter denen er die Schlafräume des Krematoriums verlassen hatte, ganz anders. Entgegen seinen früheren Aussagen verwies Zgoda überhaupt nicht mehr auf die Einsperrung der Krematoriumsmitarbeiter durch Müller und erwähnte auch nicht, dass er sich durch den Luftschacht herausgeschlichen und sich dann im Hof des Krematoriums versteckt hätte. Jetzt behauptete er, er sei einige Zeit durch das Lager gewandert, bevor er auf das Krematoriumsgelände zurückkehrte und sich hinter dem Schlackenhaufen versteckte. Einen Monat später, bei seiner Vernehmung durch Staatsanwalt Korsch, erzählte er etwas Ähnliches. Nachdem Korsch ihn auf die Widersprüche zu seinen früheren Aussagen hingewiesen hatte, antwortete Zgoda ohne weitere Erklärung, dass diese richtig seien.[127]

Korschs Zweifel an der Glaubwürdigkeit von Zgodas Aussagen wurden durch andere Quellen verstärkt, darunter Ottos kurzfristigen Mitbeschuldigten Werner Berger. Berger war nicht nur wiederholt von Zgoda als Mittäter an der Ermordung Thälmanns genannt, sondern auch durch sein Zeugnis von den Amerikanern in Dachau wegen seiner Beteiligung am Kommando 99 zu lebenslanger Haft verurteilt worden. Im Oktober 1954 wurde er von den Amerikanern vorzeitig entlassen, ließ sich in Rottweil nieder und nahm seinen alten Beruf als Bankangestellter wieder auf. Berger wurde erstmals im November 1962 von der Polizei in Rottweil zu seiner möglichen Beteiligung an der Ermordung Thälmanns befragt. Er bestritt, etwas darüber zu wissen, und der Kripo-Beamte sah keinen Grund, ihm nicht zu glauben: „Seine Glaubwürdigkeit wird allgemein nicht angezweifelt."

Einen Monat später erhielt Korsch einen Brief vom ehemaligen Kapo des Effektenlagers in Buchenwald, Willi Bleicher, der etwas anderes andeutete. Obwohl Bleicher nicht mit Sicherheit sagen konnte, ob Berger tatsächlich an dem Mord beteiligt war, erinnerte er sich, dass Berger ihm am Tag nach der Hinrichtung mitgeteilt hatte, Thälmann sei erschossen worden. In Bleichers Brief sah Korsch keinen Grund, ihn zu vernehmen, nahm aber seine Informationen am 24. August 1963 mit zum Verhör des kranken Berger in Rottweil. Bei diesem Verhör entpuppte sich Beschuldigter Berger als ein inzwischen zum Rechtsstaat konvertierter Ex-Nazi mit wehmütigen Erinnerungen:

> Ich stehe heute auf dem Boden des demokratischen Rechtsstaates, allerdings mit gewissen Vorbehalten. Bei kritischer Betrachtung stellt sich nach meiner Überzeugung nämlich heraus, dass das System des Nationalsozialismus gewisse Vorteile gegenüber der Bonner Demokratie aufweist. Als Beispiele möchte ich hier anführen, dass die Jugend heute zu undiszipliniert lebt und die milden Strafen und deren Vollzug auf Verbrecher keine abschreckende Wirkung mehr auszuüben vermögen. Die straffe Organisation und Disziplin in allen Lebensbereichen erscheint mir als der besondere Vorzug des Nationalsozialismus.

Berger hatte zudem Bedenken gegen seine amerikanische Verurteilung 1947 wegen Beteiligung an den Morden im Pferdestall:

> Meine Verurteilung resultiert aus Tatbeständen, für die ich nicht verantwortlich gemacht werden dürfte. Es mag sein, dass die Erschießung von Russen [...] eine bedenkliche Sache war. Ich habe jedoch nur auf Befehl gehandelt. Ich hatte nicht darüber zu befinden, ob es sich dabei um eine gesetzliche oder ungesetzliche Maßnahme handelte. Ich stehe damals wie heute auf dem Standpunkt, dass es die vornehmste Pflicht eines Soldaten ist, bedingungslos zu gehorchen.

Wie zu erwarten war, bestritt auch Berger seine Beteiligung an der Ermordung Thälmanns: „Wenn irgend jemand behauptet, ich sei im Zusammenhang mit der Erschießung Ernst Thälmanns im Krematorium gewesen, so lügt er, ist ein Dreckspatz und ein Gauner." Übrigens, so fügte Berger hinzu, hätte er sich voll dazu bekannt, wenn er tatsächlich an der Hinrichtung von Thälmann beteiligt gewesen wäre: „Ich würde mich nicht scheuen, heute meine Beteiligung an der Tötung Ernst Thälmanns zuzugeben. Er wäre schließlich nur einer unter vielen."

Berger beschrieb Zgodas Aussage als Fabel eines „Berufszeugen" und deutete damit an, dass Zgoda seine Geschichten erfunden hätte, um seinen eigenen Interessen zu dienen. Dieser Vorwurf klang von mehreren Seiten. So auch von Ex-Kapo Müller, der Zgoda als „ein ganz verlogenes Subjekt" bezeichnete, der mit seinen unbegründeten Anschuldigungen das Leben einer großen Zahl von SS-Männern auf dem Gewissen hatte.[128] Müller meinte damit die Rolle Zgodas als Zeuge in den Dachau-Prozessen, denen auch er selbst zum Opfer gefallen war.

Wie Staatsanwalt Korsch über die Vorwürfe dieser beiden fragwürdigen Zeugen dachte, wurde 23 Jahre später deutlich, als er selbst in den Zeugenstand des Krefelder Gerichts berufen wurde. Mit Spannung wurden die Aussagen des Mannes erwartet, der, wie er es selbst formulierte, „einen nicht unerheblichen Teil" seines Lebens „alles Menschenmögliche versucht [hatte], die historische Wahrheit zu ermitteln."[129] Von dem Vorwurf, er habe sich damals nur halbherzig an die Untersuchung dieser historischen Wahrheit herangewagt, wollte Korsch nichts wissen: „Ich sehe nur, dass wir sehr sorgfältig verfahren sind." Wie sorgfältig, zeigte sich zum Beispiel in seiner Behandlung der Zeugenaussage von Ottos ehemaligem Kollegen, SS-Hauptscharführer Werner Fricke. Der Standesbeamte, der sich damals geweigert hatte, Thälmann als Opfer des alliierten Bombardements zu registrieren, war zum Zeitpunkt des Prozesses zwar noch am Leben, konnte aber wegen seiner geistigen Verwirrung nicht mehr verhört werden.[130]

Er war jedoch 1963 zweimal von Korsch vernommen worden und hatte dabei erklärt, Otto habe Zgodas Version der Hinrichtung Thälmanns in einem Gespräch mit ihm 1947 im Internierungslager Dachau bestätigt und sogar ausdrücklich zugegeben, dabei gewesen zu sein. Das Krefelder Gericht, das die Aufzeichnungen dieser Verhöre eingesehen hatte und die Aussagen Frickes überzeugend fand („[...] enthalten keine wesentlichen Widersprüche, erscheinen logisch, sind nachvollziehbar und verdienen insgesamt Glauben."), zeigte sich dann auch sehr überrascht, dass Korsch auf der Grundlage dieser Aussagen keine Anklage gegen Otto erhoben hatte. Auf die Frage des Gerichtsvorsitzenden Paul, warum er damals geglaubt habe, er könne diese Aussagen als „ohne besonderen Beweiswert" außer Acht lassen, kam Korsch nicht weiter, als dass er dafür „wohl Gründe" gehabt haben müsse, denn: „Wenn ich Fricke geglaubt hätte, wäre das für eine Anklage ausreichend gewesen."[131]

Doch die größten Zweifel des Kölner Staatsanwalts waren, so zeigte sich während der Verhandlung, mit den Aussagen von Marian Zgoda verbunden. Die von Irma Thälmanns Rechtsanwalt, Heinrich Hannover, aufgeworfene Möglichkeit, dass seine damalige Haltung Zgoda gegenüber vielleicht von seiner politischen Voreingenommenheit geprägt gewesen sein könnte, hielt Korsch für „denkbar" und fügte dann sogleich zur Bestätigung hinzu, was wir von ihm zuvor bereits zitierten: „Für Kommunisten gibt es nun mal keine objektive Wahrheit." Und wie seine Ermittlungen gezeigt hätten, sei Zgoda daran sicherlich nicht interessiert gewesen. Wie SS-Mann Berger und Kapo Müller betrachtete auch Korsch Zgoda als einen „Berufszeugen", der „wegen materieller Vorteile von Gericht zu Gericht gereist" sei und dort „irgendwelche genehmen Bekundungen" gemacht habe. Dass ehemalige Häftlinge wie Zgoda ihre Verfolger zu Unrecht belasteten, konnte Korsch „ihnen noch nicht einmal übel nehmen", weil es „bei den Amis gängige Praxis" gewesen sei, dass sie willige Zeugen „mit Care-Paketen belohnt" hätten.[132]

13. Die Disqualifizierung des Augenzeugen

Korschs Auftreten im Krefelder Gerichtssaal konnte den Eindruck nicht ausräumen, dass er und seine Kollegen sich bei der Behandlung der Sache Thälmann vor allem von den Ressentiments des Kalten Krieges in den 1960er-Jahren hätten leiten lassen. Viele Anwesende fragten sich zweifellos dasselbe, was der Auslandskorrespondent einer Schweizer Zeitung bemerkte: „Wäre dieser unsägliche Verfahrensweg von über zwei Jahrzehnten nötig gewesen, wenn das Mordopfer Jude, katholischer Priester oder Sozialdemokrat gewesen wäre und nicht ausgerechnet der Kommunistenführer Thälmann?"[133]

Dennoch hatten Korschs Vorbehalte gegenüber dem Zeugen Zgoda eine substanziellere Grundlage als nur politische Vorurteile oder die Vorwürfe von Kriegsverbrechern wie Berger und Müller. So befand sich in dem riesigen Stapel von Aussagen und Dokumenten der Thälmann-Ermittlungen ein Brief von einem US-amerikanischen Anwalt namens William Miller aus dem Jahr 1952. Miller hatte mehrere SS-Angeklagte in den Dachau-Verfahren verteidigt und Zgoda in seinem Brief als Kronzeuge der amerikanischen Staatsanwaltschaft des mehrfachen Meineids beschuldigt. 1985 stellte sich heraus, dass Miller nicht mehr auffindbar war. Aber Anfang der 1950er-Jahre war er noch als Zeuge in dem Strafverfahren vor dem Stuttgarter Gericht gegen den Ex-Hauptscharführer Otto Eichler aufgetreten. In diesem Strafverfahren erklärte Rechtsanwalt Miller aus eigener Erfahrung, dass kompromittierte Zeugen, die den US-Staatsanwälten in Dachau dabei halfen, belastendes Material gegen Angeklagte zu liefern, mit einer nachsichtigen Behandlung der gegen sie erhobenen Anklagepunkte belohnt wurden. Er bezog sich damit unmissverständlich auch auf den Zeugen Marian Zgoda, der im Strafprozess gegen Eichler erneut eine Schlüsselrolle spielte.[134]

Zgoda hatte Eichler gegenüber den Amerikanern in Dachau bereits als einen Schützen des Kommandos 99 identifiziert, doch hatten die

Amerikaner darin keinen Grund gesehen, ihn vor Gericht zu stellen. In Eichlers Entnazifizierungsverfahren 1950 hatte Zgoda seine Vorwürfe mit mehr Erfolg wiederholt: Eichler wurde zu zehn Jahren Arbeitslager verurteilt. Ein Jahr später stand er wegen derselben Anschuldigungen vor dem Strafgericht, und wieder war Zgoda der Hauptzeuge. Am 27. Juni 1951 wurde Eichler vom Stuttgarter Gericht wegen seiner Mittäterschaft an der Ermordung von achtzig Russen im Pferdestall Buchenwald zu drei Jahren und einem Monat Haft verurteilt. Ein halbes Jahr später hob der Bundesgerichtshof das Urteil auf und verwies das Verfahren zur Wiederaufnahme an das Stuttgarter Gericht zurück. Die Stuttgarter Richter, die den Fall erneut prüften, stellten in ihrem Urteil fest, dass Zgoda der einzige Zeuge war, der Eichler im Pferdestall gesehen hätte. Dies erforderte eine kritische Überprüfung seiner Aussagen, wobei die Richter bereits am Anfang ihrer Ausführungen notierten, „dass Zgoda seiner Persönlichkeit und seinem Auftreten nach keinen sonderlich glaubhaften Eindruck auf das Gericht machte.“[135] Auf diesen Warnschuss folgte eine wahrhaft vernichtende Analyse seiner Behauptungen.

Zunächst stellten die Stuttgarter Richter fest, dass Zgoda in einem eidesstattlichen Verhör an seinem Wohnort in München im Juni 1951 behauptet hatte, unverheiratet zu sein. Nachdem ihm die Informationen aus der Lagerkartothek von Buchenwald vorgehalten worden waren, die zeigten, dass er verheiratet war, korrigierte Zgoda nach einigem Zögern seine Aussage entsprechend. Bei der Gerichtsverhandlung über dasselbe Thema behauptete er jedoch erneut, nicht verheiratet zu sein. Nachdem er wiederum mit seiner Lagerkarte konfrontiert worden war, gab er an, dass er bei seiner Einlieferung ins Lager zu Unrecht seine Ehe aufgegeben hatte, weil er sich mit diesem Status eine bessere Behandlung erhoffte. Die Richter glaubten ihm dies nicht und meinten: „Eine Erklärung dafür, dass er unbedingt ledig sein will, ist nach Ansicht des Gerichts darin zu finden, dass der Zeuge sich die Möglichkeit, in Deutschland wieder zu heiraten, ohne ein langwieriges Ehescheidungsverfahren durchführen zu müssen, offen halten wollte.“

Es stellte sich jedoch heraus, dass Zgoda nicht nur über seinen Familienstand gelogen hatte. Auch über die Dauer seines Aufenthalts in Buchenwald hatte er nicht die Wahrheit gesagt. So hatte er den Beginn seiner Haft auf den 26. November 1939 datiert, während die amtliche Lagerkartei (die 1945 vollständig in die Hand der Amerikaner gefallen war) zeigte, dass er erst am 17. Mai 1941 in Buchenwald registriert worden war. Eine genauere Untersuchung der Kartei ergab, dass sie bemerkenswert akkurat war und dass die darin enthaltenen Informationen – auch in Bezug auf Zgoda selbst – korrekt waren. So räumte Zgoda beispielsweise die in der Kartothek erwähnte Tatsache ein, dass ihm 1944 auf eigenen Wunsch seine Armbanduhr aus seinem beschlagnahmten Besitz zurückgegeben worden war. Und er gab zu, dass er, wie ebenfalls vermerkt, 1942 Kleidungsstücke aus seinem Besitz der Wehrmacht gespendet hatte. Auch seine Inhaftierung im Gefängnis in Altstrelitz, vor seiner Ankunft in Buchenwald, erwies sich als richtig. Das Gericht sah daher keinen Grund, die Zuverlässigkeit der Lagerkartei anzuzweifeln, und urteilte, „dass der Zeuge bewusst die Unwahrheit gesagt hat[,] und zwar, um sich damit eine entsprechend höhere Haftentschädigung von der Wiedergutmachung zu erschwindeln."

Aber gezielte Lügen über persönliche Umstände waren nach Ansicht des Gerichts noch kein zwingender Beweis für die allgemeine mangelnde Glaubwürdigkeit des Zeugen. Mit seinen beiden Unwahrheiten hatte Zgoda zwar versucht, sich einen persönlichen Vorteil zu verschaffen. Obwohl dies verwerflich und eventuell sogar Meineid war, bedeutete es jedoch nicht, dass seine Aussagen über das kriminelle Verhalten des Angeklagten Eichler ebenso unzuverlässig sein mussten. Das konnte man nur behaupten, wenn sich herausstellte, dass diese Aussagen auch mit persönlichem Gewinn verbunden sein könnten. Dies sei möglicherweise aber der Fall gewesen, so das Gericht. Dabei zog es Folgendes in Betracht: Zgoda war damals von den Amerikanern wegen des Verdachts, als Mitglied des Krematoriumskommandos Kriegsverbrechen begangen zu haben, inhaftiert worden. Laut Aussagen zweier Zeugen soll er gegenüber Mithäftlingen erklärt haben, dass er aus diesem Grund hätte gehängt werden können. Er habe dabei zusätzlich erwähnt, dass ein amerikanischer Offizier ihm gesagt hätte, dass die Zahl der Deutschen, die als Kriegsverbrecher aufgehängt werden würden, bereits feststehe. Daraus ergab sich selbstverständlich, dass ebenso viele Schuldige gefunden werden mussten. Und genau dies war nach Ansicht des Gerichts Zgodas Motiv, damals in Dachau möglicherweise falsche Aussagen gemacht zu haben:

> Wenn Zgoda aber dieser Meinung war, dann musste er ein besonderes Interesse daran haben, dass möglichst viele Menschen belastet und daraufhin zum Tode verurteilt wurden. Jeder, der von den Amerikanern als Kriegsverbrecher angesehen wurde und schwerer belastet war als er (Zgoda), trug dazu bei, ihn vor der Hinrichtung zu retten. Mit jedem als Kriegsverbrecher Dazukommenden wurde die Aussicht Zgodas, die vorgesehene Zahl der zu Erhängenden werde ohne ihn erreicht werden, größer.

Zusammen mit dem, was der Zeuge Miller über die nachsichtige Behandlung „kooperativer" Zeugen durch die US-Ankläger ausgesagt hatte, stellte dies nach Ansicht des Gerichts das besondere Interesse dar, das Zgoda daran gehabt haben könnte, in Dachau falsche Aussagen über die von Eichler begangenen Verbrechen zu machen.

Die Unterstellung, Zgoda hätte sich in Dachau geschützt, indem er andere absichtlich in den Tod gejagt hätte, kam einem knallharten Vorwurf der Anstiftung zum Mord nahe. Dass Zgoda bestritt, jemals etwas im Sinne des erwähnten „Quotenschemas" gegenüber Mithäftlingen in Dachau erklärt zu haben, und dass darüber hinaus die beiden Zeugen dieser Geschichte selbst zu den von den Amerikanern verurteilten Kriegsverbrechern gehörten, war für die Stuttgarter Richter kein Grund, die Aussagen der Zeugen anzuzweifeln.[136] Wenn Zgoda aber möglicherweise in Dachau gelogen hatte, dann galt dies ebenso für seine – im Wesentlichen identischen – Aussagen im laufenden Prozess gegen Eichler, so die Stuttgarter Richter.

Dass seine Aussagen über Eichlers Beteiligung an den Morden im Pferdestall tatsächlich fragwürdig waren, stellte das Gericht bei näherer Betrachtung fest. Als Mitglied des Krematoriumskommandos wurde Zgoda unter anderem als Leichenträger bei den Hinrichtungen in diesem Pferdestall eingesetzt. In früheren Aussagen hatte er angegeben, Eichler gesehen zu haben, als dieser die russischen Opfer zur „Messlatte" begleitete. Während der Verhandlung konnte er sich daran nicht mehr erinnern und erklärte nur noch, Eichlers Gesicht als Schützen durch den Schlitz in der Mauer hinter der Messlatte erkannt zu haben.[137] Das Gericht hielt diese Identifizierung nicht für glaubwürdig. Die SS-Schützen, die sich im Raum hinter der Messlatte befanden, hatten nicht nur Mützen getragen, sondern auch einen speziellen, das Gesicht bedeckenden Cellophanschirm, um sie vor den Blutspritzern und Gehirnteilen zu schützen, die während der Hinrichtungen zwangsläufig herumflogen. Darüber hinaus befanden sie sich in einem dunklen Raum, während der „Untersuchungsraum" selbst absichtlich hell erleuchtet war. Nach jeder Hinrichtung mussten die Leichenträger das Opfer mit hoher Geschwindigkeit aus dem Raum tragen, der für die nächste Hinrichtung schnell vom Blut gereinigt wurde. Das war Sekundenarbeit. Dass Zgoda in dieser kurzen Zeit, unter den wachsamen Augen der SS und völlig von seiner Aufgabe in Beschlag genommen, Eichlers verdunkeltes und getarntes Gesicht aus einem hellbeleuchteten Raum durch einen nicht mehr als sieben Zentimeter breiten Schlitz mit Sicherheit hätte erkennen können, hielt das Gericht für äußerst unwahrscheinlich.

Aber der Fall Eichler war nicht der einzige, in dem die Zuverlässigkeit Zgodas infrage gestellt wurde. Im Sommer 1953, ein Jahr nach seinem Auftritt im Stuttgarter Gerichtssaal, stand Zgoda als Zeuge vor dem Landgericht Waldshut im Prozess gegen den ehemaligen Oberscharführer Johannes Jaenisch.[138] Eine der Anklagen gegen Jaenisch war wiederum die Teilnahme an den Hinrichtungen im Pferdestall. Er bestritt jede Beteiligung. Aber bei der Gerichtsverhandlung behauptete Zgoda, ihn dreimal unter den SS-Angehörigen gesehen zu haben, die im

Korridor des Pferdestalls ein Spalier bildeten, wodurch die russischen Opfer gezwungen wurden, in den „Untersuchungsraum" zu gehen. Zgoda erinnerte sich auch daran, dass er gesehen hatte, wie Jaenisch im Anschluss an die Hinrichtungen mit anderen SS-Leuten abgezogen war. Das Gericht konfrontierte ihn jedoch mit seinen Aussagen vor der Münchner Kriminalpolizei im Dezember 1951, als er behauptet hatte, alle Mitglieder des Kommandos 99 gekannt zu haben, sich aber nicht daran erinnern konnte, Jaenisch jemals im Pferdestall gesehen zu haben. Zgodas Erklärung, er erinnerte sich an die Beteiligung von Jaenisch, erst nachdem er seine Ladung als Zeuge erhalten hatte, überzeugte nicht. Hätte er Jaenisch damals tatsächlich auf dem Gang des Krematoriums gesehen, hätte er sich bei seiner ersten Vernehmung in München sicherlich daran erinnert, zumal er selbst bei dieser Vernehmung die Anwesenheit von Jaenisch ausdrücklich ausgeschlossen hatte (und sich somit an seine Person zu erinnern schien). Das Gericht in Waldshut ging nicht so weit, Zgoda der vorsätzlichen Lügen zu beschuldigen, sondern hielt es für eine „Erinnerungstäuschung."[139]

Aber selbst wenn man davon ausgehen sollte, dass Zgoda tatsächlich glaubte, Jaenisch dreimal im SS-Spalier erkannt zu haben, gab es ernsthafte Gründe für das Gericht, dieser Beobachtung nicht zu trauen. An der Stelle, an der Zgoda sich als Leichenträger befunden hatte, hatte er nämlich keine freie Sicht auf den Korridor des Pferdestalls gehabt. In dem sehr kurzen Moment, in dem die Tür zu diesem Durchgang geöffnet wurde, um das nächste Opfer hereinzuführen, hätte er nur einen flüchtigen Blick hineinwerfen können. Dieser Umstand, und dazu noch die Korridorlänge, die Schwierigkeit der individuellen Identifizierung von uniformierten Personen, die künstliche Beleuchtung der Räume und die Hektik, unter der die Leichenträger ihre Aufgabe zu erfüllen hatten, machten die Gefahr von Wahrnehmungsfehlern nach Ansicht des Gerichts außerordentlich groß. Darüber hinaus hatte Zgoda selbst angegeben, dass er bei der Ausübung seiner Arbeit extrem angespannt war, da er damit rechnete, anschließend als Zeuge des Massakers ebenfalls getötet zu werden. Unter diesen Umständen hielt es das

Bezirksgericht für durchaus möglich, dass Zgoda bei der Identifizierung von Jaenisch einen Fehler gemacht und ihn mit einem anderen SS-Mann verwechselt hatte. Auch die Tatsache, dass Zgoda Jaenisch nach den Hinrichtungen in Begleitung von Mitgliedern des Kommandos 99 gesehen hätte, stellte für das Gericht keinen überzeugenden Beweis für seine Teilnahme an den Exekutionen dar. Nach Ansicht des Bezirksgerichts war es möglich, dass Jaenisch sich im Anschluss an die Hinrichtungen bei seinen Kameraden im Kommando aufgehalten habe, ohne selbst daran beteiligt gewesen zu sein.

In einem frühen Stadium der Thälmann-Ermittlungen meldete sich auch der Vorsitzende des Landgerichts Stade bei der Staatsanwaltschaft Köln mit kritischen Äußerungen über den Zeugen Zgoda.[140] Diesmal betraf es seine Rolle im Prozess gegen den ehemaligen SS-Oberscharführer Otto Hoppe. Hoppe wurde am 18. April 1950 für eine Reihe von in Buchenwald begangenen Verbrechen zu lebenslanger Haft verurteilt.

Einer der Anklagepunkte betraf seine Beteiligung an den Tötungen im Pferdestall. Diese Mitwirkung wurde anhand der Aussagen einer Reihe von Zeugen als erwiesen angesehen. Auch Zgoda gab wiederum an, dass er Hoppe durch den Schlitz in der Mauer hinter der Messlatte gesehen habe. Mit weitgehend identischen Argumenten wie den bereits oben dargelegten zweifelte das Gericht in Stade ebenfalls an der Zuverlässigkeit seiner Ausführungen. Darüber hinaus gab es weitere Vorbehalte gegen Zgodas Aussage. So war er in Buchenwald Opfer von Misshandlungen durch Hoppe gewesen und gestand vor Gericht offen, „dass er die Gelegenheit begrüße, dem Angeklagten heimzuzahlen, was dieser ihm angetan habe."[141] So verständlich diese Haltung an sich sein mochte, machte sie ihn doch zu einem ausgesprochen feindlichen Zeugen, was die Zuverlässigkeit seiner Aussagen im Vorfeld schon zweifelhaft machte. Aber auch die Diskrepanzen zwischen diesen Aussagen selbst erhöhten seine Glaubwürdigkeit nicht. Zum Beispiel hatte Zgoda während der Voruntersuchung nicht nur seine Misshandlung durch Hoppe ausführlich beschrieben, sondern auch ausdrücklich erklärt, dass er nicht gesehen habe, dass Hoppe an Hinrichtungen teilgenommen habe. Auf der Sitzung meinte er dann jedoch plötzlich, er habe ihn drei- bis viermal als Schützen erkannt. Dieser Widerspruch, zusammen mit Zgodas feindseliger Haltung Hoppe gegenüber waren für das Gericht Grund, den Wert seiner Aussagen zu minimalisieren.

Zwanzig Jahre später kam es im Hoppe-Verfahren zu einer Wiederaufnahme und darin spielten die Aussagen Zgodas (er selbst war inzwischen verstorben) wieder eine wichtige Rolle. Dabei stellte sich wiederum heraus, dass sie den kritischen Überprüfungen durch das Gericht nicht standhielten. Zum Beispiel wies das Gericht erneut darauf hin, dass Zgodas Angabe über seine Haftzeit in Buchenwald falsch war. Ebenso korrespondierte der von ihm angegebene Inhaftierungsgrund nicht mit den offiziellen Unterlagen: „Der Grund seiner Inhaftierung ist nach diesen Unterlagen auch nicht das Abhören feindlicher Sender, sondern ‚Verkehr mit einer deutschen Frau' gewesen." Wichtiger war aber, dass er in einem Spruchgerichtsverfahren in 1949 gegen den ehemaligen SS-Hauptscharführer Paul Fischer angegeben hatte, dass am 26. November 1941 nicht weniger als 700 Russen im Pferdestall hingerichtet worden wären. Da vom Gericht bereits festgestellt worden war, dass alle drei Minuten ein Opfer erschossen wurde, hätte dies bedeutet, dass die Aktion in diesem Fall 35 Stunden gedauert hätte:

> Selbst wenn alle 2 Minuten geschossen worden wäre, wären für 700 Opfer noch mehr als 23 Stunden erforderlich gewesen. Von einer so lange dauernden Erschiessungsaktion ist aber ausser dem Zeugen Zgoda niemand etwas bekannt. Der Zeuge dürfte deshalb hier erheblich übertrieben haben.[142]

Es war daher klar, dass der Kölner Staatsanwalt Korsch in der Tat Grund hatte, bei den Ermittlungen im Fall Thälmann mit der nötigen Skepsis an den Zeugen Zgoda heranzugehen. Und diese Skepsis erhärtete sich erheblich während der Gerichtsverhandlung gegen Wolfgang Otto, weil sich Zgodas Zeugenaussagen auch in diesem Fall als sehr problematisch zeigten. Dies wurde besonders deutlich, als das Krefelder Gericht das Lager Buchenwald besuchte. Angesichts der ansonsten wenig kooperativen Beziehungen zwischen den west- und ostdeutschen Justizbehörden wurde dem Rechtshilfeersuchen dazu bemerkenswert schnell (innerhalb von zwei Wochen) entsprochen, und am 10. Dezember 1985 wurden alle Prozessvertreter im ehemaligen Konzentrationslager herumgeführt. Der einzige Abwesende war der Angeklagte selbst, weil gegen ihn schon seit Jahrzehnten in der DDR ein Haftbefehl vorlag.[143]

Bei der Besichtigung des Lagers befasste sich das Gericht eingehend mit dem Tatort, dem Krematorium von Buchenwald, wo Thälmann erschossen und verbrannt worden sein sollte. Der Guide bei der Besichtigung des noch intakten Krematoriumskomplexes war der bereits erwähnte polnische Zeuge Fuchs, der zwei Wochen zuvor seine überzeugenden Aussagen vor dem Krefelder Gericht gemacht hatte. Fuchs zeigte den Besuchern die verschiedenen Räume des Gebäudes, darunter die Unterkunft der Krematoriumsarbeiter und den Keller, in dem die Erhängungen stattgefunden hatten. Besondere Aufmerksamkeit galt auch dem Luftschacht, durch den sich Zgoda am Abend des Mordes hinausgeschlängelt haben sollte. Die akribische Besichtigung des Tatorts und Fuchs' Erklärungen dazu führten jedoch zu einem ernüchternden Ergebnis hinsichtlich wichtiger Teile der ursprünglichen Aussage Zgodas. Diese Ernüchterung beschrieb das Gericht in seinem Urteil wie folgt:

> Die Häftlingsunterkunft weist, dies hat die Ortsbesichtigung ergeben, keinen Luftschacht auf, durch den sie hätte verlassen werden können. Der Zeuge Fuchs, der die Kammer auch insoweit voll überzeugt hat, hat ausgesagt, dass dies auch 1944 so gewesen sei. Das Fenster, das an der Längswand des Raumes der Leichenträger liegt, hätte, sofern es von der anderen Seite nicht verriegelt war, zwar zugelassen, dass Zgoda durch dieses Fenster in den erwähnten Vorraum gelangte und von dort in den hinter dem Hauptgebäude des Krematoriums liegenden Hof der Prosektion und weiter in den

Leichenkeller der Prosektion ging. Dort ist ein auf das Dach führender Luftschacht vorhanden, der auch hätte erstiegen werden können. Die Ortsbesichtigung in Buchenwald hat dies gezeigt. Von dort hätte Zgoda nach vorn zum Rand des Daches und in den Hof des Krematoriums gelangen und sich zum Kokshaufen begeben können.

Bei Zugrundelegung seiner Zeitangaben wäre das allerdings im Blickfeld des nahebei gelegenen Wachturms 23 geschehen, der ständig von SS-Personal besetzt war. Zudem hätte er leicht vom SS-Personal des Krematoriums gesehen werden können, da es noch taghell war. Nach Angaben Zgodas, der im Besitz einer Uhr war, wie seine Häftlingsunterlagen bestätigt haben, hat er sich nämlich gegen 20.00 Uhr zum Kokshaufen begeben. Im August ist es um diese Zeit taghell. Ausserdem waren im Kriegsjahr 1944 die Uhren um zwei Stunden vorgestellt.

Zudem wäre das Durchsteigen durch den Luftschacht unsinnig gewesen: Zgoda hätte – aus dem Vorraum ins Freie gekommen – lediglich einen Klimmzug zu machen brauchen, der ihn sofort, und zwar im Schutze des höheren Hauptgebäudes des Krematoriums, auf das Dach des Anbaus gebracht hätte. Erscheint danach schon die von Zgoda geschilderte Vorgehensweise nicht plausibel, so hat auch der Zeuge Fuchs nichts von einem derartigen Verhalten Zgodas gewusst. Das wäre bei der Aussergewöhnlichkeit eines solchen Verhaltens und der Situation insgesamt, die immerhin die gespannte Aufmerksamkeit der Leichenträger erregt hatte, sehr verwunderlich, wenn Zgoda tatsächlich etwas derartig aus dem Rahmen Fallendes getan hätte.

Ferner hat der Zeuge Fuchs energisch in Abrede gestellt, dass Zgoda ihm nach Rückkehr in die Unterkunft etwas von seinen Beobachtungen mitgeteilt habe. So hat Zgoda es aber angegeben. Die Kammer folgt auch hier dem Zeugen Fuchs, der sich seiner Verantwortung als Zeuge voll bewusst war.

Abschliessend kommt hinzu, dass auch die andere Person, der Zgoda nach der Tat etwas von seinen Beobachtungen gesagt haben will, Ernst Busse, früher führendes Mitglied der Untergrundorganisation des Lagers, keine Kenntnis erlangt hat. Das Buch „KL-Bu", das Ernst Busse 1946 als

Mitherausgeber verantwortet hat, enthält über Thälmann lediglich folgende Passage, die verlesen wurde:

„Feststeht, dass Thälmann, der angeblich bei diesem Angriff umgekommen sein soll, niemals im Lager Buchenwald gewesen ist. Die Häftlinge haben es der Bombenwurftechnik der alliierten Luftwaffe zu verdanken, dass die Zahl der Opfer nicht um ein Vielfaches höher war."

Hätte Busse eine von Zgoda vermittelte Kenntnis des Hergangs der Tat gehabt, hätte er mit Sicherheit diese Kenntnis in dem Buch auch mitgeteilt. Auch im Übrigen liegen in den Aussagen Zgodas Widersprüche, die wegen des Todes des Zeugen nicht mehr aufgeklärt werden konnten.[144]

Zgodas Status als Augenzeuge der Ermordung Thälmanns war damit ungefähr dem Nullpunkt genähert. Der Gnadenstoß kam jedoch von seiner ehemaligen Lebensgefährtin Felicia Kelch, die vom Gericht aufgespürt worden war. Nach Angaben der Zeugin hatte Zgoda wiederholt mit ihr darüber gesprochen, was er gehört und gesehen hätte, aber der Name Ottos war im Zusammenhang mit der Tötung Thälmanns nie gefallen. Auf ihre Frage an Zgoda, wer an dem Mord beteiligt gewesen sei, hätte er geantwortet: „Das waren fremde SS-Leute, hohe Offiziere, die ich nicht kannte."[145]

14. Die Plädoyers

Die Schlussakkorde im Krefelder Prozess kamen von Staatsanwalt Walter Brendle, von Nebenklagevertreter Heinrich Hannover und von Ottos Verteidiger Fritz Steinacker. Ganz im Sinne der Position, die die Staatsanwaltschaft im Fall Thälmann seit Jahrzehnten eingenommen hatte, plädierte Brendle am 22. April 1986 für den Freispruch Ottos aus Mangel an Beweisen. Dass Thälmann auf Befehl von Hitler und Himmler im Krematorium von Buchenwald erschossen worden war, stand inzwischen fest. Dass Otto als Lagerverwaltungsleiter in diesen Mord verwickelt war, hielt Brendle ebenfalls für wahrscheinlich, aber letztlich nicht für beweisbar. Die Zweifel an Zgodas Glaubwürdigkeit und die Widersprüche in seinen Aussagen waren so ernsthaft, dass ihr Beweiswert, auch in Kombination mit den anderen Beweisen, nicht ausreichte, um Otto wegen Mittäterschaft an einem Mord zu verurteilen.[146]

Ganz anders war der Beitrag von Irma Thälmanns Rechtsanwalt. Heinrich Hannover richtete seine Pfeile auf die Kölner Staatsanwaltschaft, die jahrzehntelang die Strafverfolgung der Thälmann-Mörder vereitelt hatte:

> Dieser Prozess wird 20, wenn nicht 30 Jahre zu spät durchgeführt. Seit der Ermordung Thälmanns sind über 40 Jahre vergangen, seit der Anzeige Rosa Thälmanns immerhin 22 Jahre. Niemand wird diesem Gericht vorwerfen können, dass es nicht alles getan hätte, die geschichtliche Wahrheit um den Thälmann-Mord aufzuklären. Aber die späte Anklageerhebung ist ein Mangel dieses Verfahrens, der durch nichts wiedergutzumachen war. Hätte die Hauptverhandlung damals in den sechziger Jahren stattgefunden, so hätte noch eine große Anzahl von Zeugen vernommen werden können, von deren Aussagen wir heute nur noch die Protokolle haben, ohne uns ein sicheres Bild von der Persönlichkeit machen zu können. Widersprüche und Ungenauigkeiten in den Protokollen lassen sich nicht mehr durch Fragen, Vorhalte und Gegenüberstellungen aufklären, manches bleibt deshalb als

Widerspruch im Raum stehen und kann je nach der gegensätzlichen Interessenlage von den Verfahrensbeteiligten zu Lasten dieses oder jenes Zeugen ausgebeutet werden. Insbesondere denke ich da an Marian Zgoda, der sich nicht mehr gegen die Vorwürfe wehren kann, die gegen seine Glaubwürdigkeit erhoben werden. Aber auch die wenigen noch lebenden Zeugen, die eine zufällige Auswahl des Todes diesem Verfahren übriggelassen hat, müssen nach mehr als 40 Jahren ein nachlassendes Gedächtnis für sich reklamieren. Auch sie hätten vor 20 oder 30 Jahren noch ein genaueres Bild des von ihnen erinnerten Geschehens vermitteln können.

Und so kann trotz der überaus gründlichen Vorbereitung und Durchführung dieser Hauptverhandlung auch die Aufklärung des Thälmann-Mordes nicht dem Vorwurf entgehen, der gegen die Geschichte der NS-Verbrecher-Prozesse erhoben werden muss, nämlich dass sie eine Geschichte von Justizversäumnissen ist.[147]

Hauptverantwortlich für diese Unterlassung sei Staatsanwalt Korsch, so Hannover. Mit unverhohlenem Zynismus kommentierte er Korschs Auftreten als Zeuge vor Gericht, wobei dieser sich selbst lobte für seine jahrelangen aufopferungsvollen Bemühungen bei den Ermittlungen. Angesichts der erbärmlichen Ergebnisse hätte Korsch sich und dem Steuerzahler diese Mühen und Opfer ersparen können, so fand Hannover.

Natürlich konnte Hannover die Diskrepanzen und Ungenauigkeiten in Zgodas Aussagen nicht ignorieren, aber er glaubte dennoch, dass der Kern seines Augenzeugenberichts intakt geblieben war. Abgesehen von den Zeugen, die seinen Ruf geschädigt hatten, gab es auch solche (einschließlich seiner ehemaligen Lebenspartnerin sowie Mithäftling Fuchs), die an seiner Aufrichtigkeit überhaupt nicht zweifelten und in ihm keinen Fantasten sahen. Außerdem hielt Hannover es angesichts der Detailgenauigkeit und Konsistenz seiner ursprünglichen Aussage über den Mord für unwahrscheinlich, dass Zgoda seine Geschichte vollständig erfunden hätte. Im Gegenteil: Zgoda habe tatsächlich geschildert, was er selbst erlebt hatte. Der Mangel an Details in seinen späteren Aussagen und die Verwechslung von Personen und Ereignissen „entspricht dem ganz normalen Abschwächungsprozess des menschlichen Erinnerungsvermögens." Und dann war da noch etwas, so Hannover:

> [...] ich werde den Verdacht nicht los, dass mancher Vernehmer dieses Nachlassen des Gedächtnisses bewusst zur zusätzlichen Verwirrung des Zeugen ausgenutzt hat. Mindestens ist dies von solchen Vernehmungspersonen zu erwarten, die es für richtig hielten, Zgoda durch das böse und völlig ungerechtfertigte Wort vom „Berufszeugen" abzuwerten oder einen Mangel an Glaubwürdigkeit aus einer Betätigung des Zeugen herzuleiten, die in der Verteilung „kommunistischer" Flugblätter bestanden haben soll.[148]

Doch trotz seines Glaubens an Zgodas Version war es nicht seine Aussage, die Hannover am meisten von Ottos Beteiligung an der Ermordung Thälmanns überzeugte. Den Beweis dafür sah Hannover vor allem in den Aussagen des Zeugen Fricke, der wiederholt erklärt hatte, Otto hätte ihm gegenüber in Dachau zugegeben, dass er bei der Hinrichtung anwesend gewesen sei. Ob Otto selbst auf Thälmann geschossen habe, könne weder aus Frickes Aussage noch aus jener Zgodas abgeleitet werden, sei aber für die Schuldfrage ohne Bedeutung. Auf Ottos Schreibtisch waren über Lagerkommandant Pister alle geheimen Hinrichtungsbefehle des RSHA zur weiteren Ausführung gelangt. Dies galt für die Sonderaktionen gegen die russischen Kriegsgefangenen und die polnischen Offiziere wie auch für die Sonderaktion gegen Ernst Thälmann. Und das machte Otto nach Ansicht Hannovers selbst in dem Fall, dass das Gericht an seiner Anwesenheit inmitten der Thälmann-Mörder zweifeln würde, zum „Schreibtischmörder" des Kommunistenführers.

Für Ottos Verteidiger, Fritz Steinacker, der die Plädoyers mit einem dreistündigen Vortrag beendete, stand dagegen die Beteiligung seines Mandanten an Thälmanns Tod überhaupt nicht infrage. Ottos Behauptung, er habe nichts damit zu tun gehabt, wurde durch keinerlei Beweise widerlegt.[149] Dass er als Protokollführer bei Exekutionen anwesend gewesen sei und an der Hinrichtung des ehemaligen Buchenwald-Kommandanten Koch teilgenommen habe, sei zwar sicher. Aber diese „sogenannten legalen Exekutionen" seien jedenfalls noch nach den offiziellen Mindestvorschriften durchgeführt worden. Die von Hitler und Himmler angeordnete Ermordung Thälmanns war eine „völlig aus dem Rahmen fallende Einzelaktion" gewesen, die unter außerordentlicher Geheimhaltung stattgefunden habe. Eine Einzelaktion, an der Otto in keiner Weise beteiligt gewesen sei und von der er nichts gewusst habe. Steinacker wies Zgodas Geschichte von Ottos Rolle als „Märchen" von jemandem mit einer „wilden Fantasie" ab und fügte dabei – zum Ärger der Anwesenden auf der Zuschauertribüne – noch hinzu, dass es den ehemaligen KZ-Häftlingen im Allgemeinen öfters an der „notwendigen Distanz" fehle.

Zwar war auch Steinacker inzwischen davon überzeugt, dass Thälmann im Krematorium erschossen worden war, aber die „Flut von Hörensagen aus zweiter oder dritter Hand", mit der das Gericht konfrontiert wurde, zeigte seiner Meinung nach, dass sich 42 Jahre nach dem Mord niemand mehr an den genauen Sachverhalt erinnern konnte. Steinacker, als Verteidiger in zahlreichen NS-Prozessen ein Experte auf dem Gebiet der deutschen Strafverfolgung von NS-Verbrechen, nuancierte auch nachdrücklich das Bild, das Hannover von seinem Mandanten als engagierter Staatsterrorist des Dritten Reiches gegeben hatte. Vierzig Jahre nach dem Krieg und den Gräueltaten der Nazis sei es „einfach, bequem und dazu noch pharisäerhaft, in einem geordneten Rechtsstaat aufzustehen und die schöne These zu verkünden, jeder habe die Wahl gehabt, der Stimme seines Gewissens zu folgen." Tatsache sei, so Steinacker, dass das Rechtsbewusstsein im NS-Staat „suspendiert" gewesen war und dass die Schuldfeststellung bei Angeklagten, die aufgrund „schicksalhafter Verstrickung" in den Konzentrationslagern gelandet waren, im Nachhinein oft eine fast unmögliche Aufgabe sei: „Wer von uns kann garantieren, dass er damals anders gehandelt hätte?" Diese Frage blieb am dreißigsten und letzten Tag des Prozesses, am

Dienstag, dem 29. April, in der Luft hängen. Jetzt galt es, die endgültige Entscheidung der Krefelder Richter abzuwarten.

15. Das Urteil

„Ernst Thälmanns Mörder sind nicht mehr zu finden", so überschrieb der Reporter der *Frankfurter Allgemeinen Zeitung* sein Resümee im Prozess gegen Wolfgang Otto. Diese Schlussfolgerung wurde von den meisten seiner Kollegen geteilt.[150] Der Versuch, den das Krefelder Gericht sechs Monate lang unternommen hatte, um den mehr als vierzig Jahre zuvor begangenen Mord aufzuklären, konnte kaum anders als gescheitert betrachtet werden. Das Gericht konnte dafür nicht verantwortlich gemacht werden, aber es war vor allem auf das Versagen der Kölner Justizbehörden zurückzuführen, dass die Strafverfolgung dieses Mordes nicht rechtzeitig ernst genommen wurde. Mit einem Mordprozess im normalen Sinne des Wortes hatte der Fall gegen Otto nichts mehr gemein. Es fehlten nicht nur die klassischen Beweismittel wie Leiche, Waffe, Spurenuntersuchung und Fingerabdrücke, sondern auch die wichtigsten Zeugen konnten vom Gericht nicht mehr gehört und beurteilt werden. Was blieb, war kaum mehr als ein Haufen vergilbter Zeugenberichte aus den 1950er- und 1960er-Jahren, die von Widersprüchen und Zweideutigkeiten wimmelten. Zudem stellte sich heraus, dass die wichtigste dieser Aussagen von einem unzuverlässigen Zeugen stammte. Das einzige positive Ergebnis, das das Gericht in Krefeld nach Meinung vieler erzielt hatte, war die Feststellung, dass Thälmann tatsächlich auf Befehl Hitlers und Himmlers in Buchenwald erschossen worden war. Und damit war die Nazi-Lüge über seinen Tod endgültig entlarvt worden. Das war schon eine Menge, aber die Antwort auf die zentrale Frage, ob der Angeklagte zu Thälmanns Mördern gehört hatte, musste das Gericht schuldig bleiben, so war der allgemeine Eindruck.

Daher war es eine große Überraschung, als die Krefelder Richter Otto am 15. Mai 1986 dennoch des Mordes an Thälmann für schuldig befanden und ihn zu vier Jahren Gefängnis verurteilten.[151] Die Aussagen des Kronzeugen Marian Zgoda spielten bei den Überlegungen zu dieser

Verurteilung keine Rolle mehr. Zwar war das Gericht der Meinung, dass er zumindest erfahren hatte, was die Zeugen Fuchs und Müller beobachtet hatten, doch als Augenzeuge der Mordtat selbst sei er „nicht ernstzunehmen". Die schon erwähnten Erkenntnisse des Gerichts während des Besuchs in Buchenwald spielten dabei eine entscheidende Rolle. Die Mordrekonstruktion sei aber auch ohne einen Augenzeugen möglich gewesen, so das Krefelder Urteil. Schließlich war Otto die administrative Zentralfigur des Konzentrationslagers gewesen und hatte als solche im Zentrum der Macht gestanden. So war er auch ein „unverzichtbares Rad" in der Tötungsmaschinerie des Lagers gewesen, das dafür gesorgt hatte, dass die Liquidierungsbefehle von oben ausgeführt wurden. Als Protokollführer hatte er an den Erhängungen im Keller des Krematoriums und an den Genickschussaktionen im Pferdestall sowie an Exekutionen im Lager teilgenommen. Das Gericht schloss aus der Aussage von Ottos SS-Kollegen, dem Standesbeamten Werner Fricke, dass er auch an der Ermordung Thälmanns beteiligt gewesen war. Otto soll ihm gegenüber zugegeben haben, bei der Liquidation Thälmanns anwesend gewesen zu sein. Und obwohl Otto dies energisch bestritt, befand das Gericht die Aussage Frickes als „absolut" überzeugend und völlig übereinstimmend mit der Position und Funktion, die Otto in Buchenwald innegehabt hatte.

Darüber hinaus hatte Otto selbst weder geleugnet noch infrage gestellt, dass er zum Zeitpunkt des Mordes Dienst getan hatte. In dieser Eigenschaft habe er, so das Gericht, auch von der Berliner Anordnung zur Vorbereitung einer Sonderbehandlung Kenntnis gehabt. Als Pisters rechte Hand war er mit dieser Vorbereitung beauftragt gewesen und hatte seine Anweisungen an den Leiter des Krematoriums weitergegeben.

Eine andere Annahme wäre lebensfremd. Es ist kein Grund ersichtlich, warum Pister in Erledigung dieser Sonderaktion auf seinen ergebenen und vertrauten Stabsscharführer verzichten sollte, gerade in einer solch gewichtigen, brisanten Sache mit höchster Geheimhaltungsstufe. Es ging im übrigen ohne die Einschaltung von Unterführern nicht. Pister und sein Adjutant Schmidt konnten die Angelegenheit nicht allein bewältigen, auch nicht mit Hilfe der Thälmann begleitenden Kriminal- oder Gestapo-Beamten. Es ist keinerlei Grund dafür ersichtlich, dass gerade der Stabsscharführer Otto bei der Erledigung der Thälmann-Sache nicht einbezogen werden sollte. Es war schliesslich keine dem Angeklagten neue oder gar fremde Angelegenheit. Im Exekutionskommando hatte er bei Erschiessungen selbst mitgewirkt, wie er eingeräumt hat. Bei Erhängungen im Krematorium war er dabei als Protokollführer. Bei den Erschiessungen im Pferdestall hatte er, wie ausgeführt, unter anderem mindestens ein- oder zweimal im Pferdestall selbst mitgewirkt und auf den Listen die Erschossenen als erledigt abgehakt. Es ist daher abwegig, sich vorzustellen, der Stabsscharführer Otto wäre ausgerechnet bei der Hinrichtung Thälmanns, die – gemessen an den üblichen geheimzuhaltenden Hinrichtungen – besonders geheimhaltungsbedürftig sein sollte, nicht beteiligt gewesen.

[...]

Funktion, Kompetenz, Kenntnisstand und Aufgabenbereich des Angeklagten im Jahre 1944 in Buchenwald sprechen ganz entschieden dafür, dass der Angeklagte Mitbeteiligter bei der Ermordung Thälmanns gewesen ist. Sie sind klare Bestätigungen dafür, dass die Aussage Frickes über das eigene Eingeständnis des Angeklagten Otto in Dachau vollen Glauben verdient.

Zur Überzeugung der Kammer ist daher nachgewiesen, dass der Angeklagte Otto eingeweiht gewesen ist und wusste, dass Thälmann auf höchsten Befehl erschossen werden sollte [...] und dass er mit zu dem aus mehreren Personen gebildeten Kommando gehörte, das den als Person auch erkannten Ernst Thälmann im Krematoriumsbereich durch Schüsse befehls- und absprachegemäss tötete.[152]

Wie genau diese Hinrichtung verlaufen und was Ottos konkreter Beitrag gewesen war, konnte während des Prozesses nicht festgestellt werden. Dass er am Tatort anwesend gewesen war, stand aber fest. Und zusätzlich zu seiner Rolle bei der Vorbereitung der Hinrichtungsaktion bildete diese bloße Anwesenheit schon durch seine „psychische

Unterstützung" der anderen Mitglieder des Kommandos einen ausreichenden Grund, um Ottos strafrechtlich relevante Beteiligung an dem Mord zu bestätigen.

Die genaue Datumsfestlegung von Thälmanns Ermordung ließ das Gericht offen. Die verschiedenen Zeugenaussagen hätten dazu keine endgültige Klarheit geschaffen. Freilich hatten sowohl Marian Zgoda und Zbigniew Fuchs als auch der Zeuge Osche den Mord in der Nacht vom 17. auf den 18. August 1944 datiert. Das Gericht jedoch hielt dieses Datum zwar für wahrscheinlich, aber wegen der davon abweichenden anderen Aussagen für nicht bewiesen. Es fixierte den Mord daher irgendwo zwischen dem Zeitpunkt von Hitlers Liquidierungsbefehl an Himmler am 14. und dem Luftbombardement der Alliierten am 24. August.

Dass Otto die „niedrigen Beweggründe" der Auftraggeber des Mordes – Hitler und Himmler – geteilt hätte und somit als Täter an diesem Mord beteiligt gewesen wäre, erachtete das Gericht als nicht bewiesen. Seine Behauptung, er habe nicht viel mit der Nazi-Ideologie gemein gehabt und sei kein fanatischer Anhänger des Hitlerregimes gewesen, konnte ihm nicht widerlegt werden. Aus dem allgemeinen Bild seines Werdegangs sowie seinem Gesamtverhalten im Konzentrationslager („soweit feststellbar") und dem Eindruck, den er während der Verhandlung machte,

> hat die Kammer die Überzeugung erlangt, dass er sich nicht deshalb an der Tat beteiligt hat, weil er ein eigenes Interesse gehabt oder sich die Motive der Täter zu eigen gemacht hätte, sondern weil er aufgrund seiner grundsätzlichen Einstellung zu Befehl und Gehorsam die angeordnete Tat weisungsgemäss unterstützen wollte. Er verrichtete „nur" die ihm anbefohlene Tätigkeit und beteiligte sich nicht aus eigener Initiative an der Tatausführung, sondern in Erfüllung einer vermeintlichen Pflicht, ohne allerdings innerlich zu widerstreben.[153]

Es war also die aus den westdeutschen NS-Verfahren wohlbekannte, typische Gehilfenmentalität, die Otto zu seinen Taten gebracht hätte. Der mit dieser Mentalität verbundene Strafrahmen reichte von drei bis fünfzehn Jahren Gefängnis. Die übermäßig lange Dauer des Strafverfahrens und ihre negativen Auswirkungen auf die Karriere des Angeklagten wurden vom Gericht bei der Strafzumessung in einem mildernden Sinne berücksichtigt. Das Gleiche galt für sein fortgeschrittenes Alter, das ihn „wesentlich strafempfindlicher" machte als jüngere Angeklagte: „Nach Abwägung aller für und gegen den Angeklagten sprechenden Umstände" verhängte das Gericht eine seiner Ansicht nach milde Freiheitsstrafe von vier Jahren.

Im Gerichtssaal wurde die Verurteilung von der überfüllten Zuschauertribüne mit Jubel und Applaus aufgenommen, und auch die Presse begrüßte größtenteils das sensationelle Urteil. Die Eigensinnigkeit und der Mut des Gerichtspräsidenten Heinz-Josef Paul und seiner Richterkollegen, sich gegen die hartnäckige Abwehr der Staatsanwaltschaft durchzusetzen und Otto trotz aller Beweisprobleme für schuldig zu erklären, wurden weithin gelobt. Das Urteil wurde zugleich als „Schlag ins Gesicht der Kölner Staatsanwälte" gewertet, weil ihre Bemühungen, das Verfahren zu verhindern, über die Jahre hinweg wenig nachgelassen hatten. Die Tatsache, dass das Gericht Otto vor allem auch wegen seines „verwaltungsmäßigen" Beitrags zur Ermordung Thälmanns verurteilt hatte, ließ sogar vorsichtig hoffen, dass das Urteil „neue Maßstäbe" bei der Beurteilung von Schreibtischtaten setzen würde.[154]

Tatsächlich war das Gericht mit seiner Konstruktion der schuldhaften Beteiligung Ottos in der Nähe dessen geblieben, was Nebenklagevertreter Heinrich Hannover in seinem Plädoyer argumentiert hatte. Schließlich hatte dieser Ottos Beteiligung vor allem an seiner administrativen Schlüsselrolle in Buchenwald festgemacht. Und das Gericht folgte seiner Linie mit einem gewissen Abstand. Hannover war mit dem Ergebnis dann auch sehr zufrieden: „Die bundesdeutsche Justiz schien besser zu sein als ihr Ruf", so sein rückblickender Kommentar.[155] Aber neben Zustimmung und Zufriedenheit wurden hier und da auch Zweifel und Kritik geäußert. So bemerkte der Kommentator der *Neuen Osnabrücker Zeitung*, das Urteil könne „im puristisch-juristischen Sinn anfechtbar sein, indem Zweifel nicht immer zugunsten des Angeklagten ausgelegt wurden". Derselbe Widerspruch mit den juristischen Sitten wurde in einem Artikel mit dem aufschlussreichen Titel „Im Zweifel Strafe" in *Die Welt* angesprochen. Das Krefelder Gericht, so der Verdacht des Autors, habe Otto unter dem Druck der öffentlichen Meinung den Vertrauensbonus entzogen und versucht „Geschichte" zu schreiben, „statt Recht zu sprechen".[156] Und natürlich konnten auch Otto und seine Verteidiger nicht mit dem Urteil der Krefelder Richter leben. Rechtsanwalt Steinacker kündigte bei der Schlussverhandlung in Krefeld sofort seinen Revisionsantrag beim Bundesgerichtshof an.

16. Die Grenzen der freien Beweiswürdigung

„Die Aufgabe des Bundesgerichtshofs besteht vor allem darin, die Rechtseinheit zu sichern, grundsätzliche Rechtsfragen zu klären und das Recht fortzubilden. Er überprüft Entscheidungen der Instanzgerichte – der Amtsgerichte, Landgerichte und Oberlandesgerichte – grundsätzlich nur auf Rechtsfehler." So fasst der Karlsruher BGH auf seiner Website sein Arbeitsfeld zusammen.[157] Der BGH mischt sich also prinzipiell nicht in die Tatsachenfeststellungen des erstinstanzlichen Gerichts ein. Es gibt jedoch eine Ausnahme von diesem Leitsatz, nämlich dann, wenn sich das „Tatsachengericht" in seinen Feststellungen als im Widerspruch zu den Grundsätzen der Zumutbarkeit und den allgemein geltenden Erfahrungsregeln erweist. Und genau dies war nach Ansicht des BGH der Fall beim Urteil gegen Otto. Die Karlsruher Revisionsrichter waren mit der Entscheidung ihrer Krefelder Kollegen nicht einverstanden, oder, wie Irma Thälmanns Rechtsvertreter Heinrich Hannover es etwas pointierter formulierte: „Den Herren passte das Ergebnis nicht."[158]

Der BGH erkannte zwar an, dass er in der Regel an die Schlussfolgerungen der Vorinstanz in Bezug auf den festgestellten Sachverhalt gebunden sei, auch wenn diese Schlussfolgerungen an sich möglich, aber keineswegs zwingend sind.

> Die Bindung gilt aber nur, wenn er die Beweise erschöpfend würdigt und sich die Schlussfolgerungen nicht so sehr von einer festen Tatsachengrundlage entfernen, dass sie letztlich blosse Vermutungen sind, die nicht mehr als einen – wenn auch schwerwiegenden – Verdacht begründen.

In beiden Punkten hatte das Krefelder Gericht versagt, sodass das Urteil gegen Otto aufgehoben und der Fall erneut behandelt werden musste. Die Einwände des BGH konzentrierten sich vor allem auf die Schlussfolgerungen, die die Krefelder Richter aus der belastenden Aussage Werner Frickes gezogen hatten. Wie wir bereits sahen, hatte Fricke 1963 erklärt, dass Otto ihm nach dem Krieg im Internierungslager

Dachau gestanden habe, bei der Ermordung Thälmanns anwesend gewesen zu sein. In ihrem Urteil hatten die Krefelder diese Aussage als „schon aus sich heraus für glaubhaft" bezeichnet. Aus ihren weiteren Ausführungen ging jedoch hervor, dass sie vor allem wegen ihrer Auffassung über Ottos Stellung und Funktion in Buchenwald zum Zeitpunkt der Tat zu diesem Schluss gekommen waren:

> Das Landgericht sieht durch sie die Angaben des Zeugen Fricke „vollends bestätigt". Es wertet Funktion, Kompetenz, Kenntnisstand und Aufgabenbereich des Angeklagten als „klare Bestätigung" dafür, dass die Aussage des Zeugen „vollen Glauben verdient". Diese Schlussfolgerung wäre rechtlich nicht zu beanstanden, wenn Stellung und Funktion des Angeklagten – unabhängig von den Bekundungen des Zeugen – in diese Richtung wiesen, solcher Würdigung im konkreten Fall nicht andere in Betracht kommende Möglichkeiten entgegenstünden und die Erwägungen des Tatrichters hierzu erschöpfend wären. Das ist indes nicht der Fall, so dass das Urteil nicht bestehen bleiben kann.

Das Landgericht vertrat die Auffassung, dass Otto vom Berliner Auftrag zur Vorbereitung von Thälmanns „Sonderbehandlung" gewusst haben müsse, weil er „die rechte Hand des Lagerkommandanten gewesen sei" und weil er während der Hauptverhandlung gar nicht bestritten hatte, „zur Tatzeit im Dienst gewesen zu sein – im Gegenteil." Dabei hatte das Gericht übersehen, dass Otto seine Beteiligung an der Ermordung Thälmanns gerade geleugnet hatte. Der BGH war nun der Meinung, dass das Landgericht hätte prüfen müssen, *ob* und *wie* es möglich gewesen wäre, dass Otto damals zwar Dienst getan hatte, er aber gleichzeitig und aus welchen Gründen auch immer nicht an der Ermordung von Thälmann beteiligt gewesen war. Das Krefelder Gericht hatte diese Möglichkeit nicht in Betracht gezogen, und diese Unterlassung musste in einem neuen Verfahren behoben werden.

Zugleich wies der BGH darauf hin, dass bei dieser Überprüfung zu berücksichtigen sei, dass das Datum des Mordes nicht genau bestimmt worden sei und an jedem Tag zwischen dem 14. und 24. August 1944 hätte stattfinden können. Und auch, dass der Mord nachts ausgeführt worden sei und dass zwischen der Ankündigung von Thälmanns „Sonderbehandlung" und seiner Hinrichtung möglicherweise nur wenige Stunden gelegen hätten. Und dann gab es noch etwas, dessen sich die neuen Richter bewusst sein mussten:

> [...] dass der Angeklagte nach allgemeinem Sprachgebrauch im August 1944 durchaus „im Dienst gewesen sein" kann, auch wenn er sich während der in Betracht kommenden Zeit (aus dienstlichen oder privaten Gründen) nicht im Lager aufgehalten haben und von einem anderen SS-Angehörigen vertreten worden sein sollte.

In diesem Zusammenhang kritisierte der BGH auch scharf die Annahme des Krefelder Gerichts, dass Lagerkommandant Pister und seine Adjutanten die Hinrichtung Thälmanns ohne Ottos Hilfe nicht hätten organisieren wollen und können und dass jede andere Einschätzung „lebensfremd" wäre. Eine solche Auffassung, so der BGH in seinem mürrischen Kommentar, lege nahe, dass das Gericht von Anfang an die Augen vor einem alternativen Szenario verschlossen habe, in dem Otto nicht Teil der an dem Mord beteiligten SS gewesen sei. Im Gegensatz zum Gericht hielt der BGH ein solches Szenario keineswegs für undenkbar.

„Mit diesem Urteil hatte der BGH den Freispruch der Angeklagten programmiert", kommentierte Nebenkläger Heinrich Hannover die „spitzfindigen Überlegungen" der Kassationsrichter.[159] Und tatsächlich schien der BGH mit seiner Andeutung, dass Otto zum Zeitpunkt des Mordes an Thälmann zwar im Dienst gewesen sein könnte, er selbst aber – „aus dienstlichen oder privaten Gründen" – nicht anwesend gewesen sei, die Tür dafür weit geöffnet zu haben. Es war ein Verteidigungsargument von so erstaunlicher Einfachheit, dass weder der Angeklagte selbst noch sein eingefleischter Verteidiger Steinacker darauf gekommen waren. Hannover betrachtete diesen „Angriff" des BGH auf die vom Krefelder Gericht festgestellten Beweise als eine bewusste und politisch motivierte Intervention:

In seinem Urteil vom 25. März 1987 ersetzte der BGH die Beweiswürdigung des LG Krefeld durch eine eigene Beweiswürdigung und tat damit etwas, das unter Juristen theoretisch streng verpönt und trotzdem praktisch gang und gäbe ist. Es gehört immer wieder zu den schwierigsten Aufgaben eines Strafverteidigers, dem mit den Spitzfindigkeiten juristischen Denkens nicht vertrauten Mandanten zu erklären, dass und warum die Revisionsinstanz sich nicht noch einmal mit den festgestellten Tatsachen befassen könne, sondern nur die richtige Anwendung des Rechts auf den festgestellten Sachverhalt prüfe. Aber es gehört ebenso zu den immer wieder bestätigten Erfahrungen eines in politischen Strafsachen tätigen Verteidigers, dass die Revisionsrichter diese ihnen vom Gesetz gezogenen Grenzen ihres Prüfungsrechts überschreiten, wenn ihnen das Urteil nicht passt.[160]

Dass das Krefelder Urteil dem BGH überhaupt nicht gefiel, hatte nach Ansicht Hannovers alles mit der möglichen Auswirkung auf die Beurteilung der Schreibtischtäter zu tun. Es war eine Kategorie von NS-Verbrechern, die jahrelang von „den Herren in Karlsruhe" durch ihre Rechtspflege vor Bestrafung bewahrt worden war. Als die Krefelder Richter Ottos strafrechtliche Schuld an der Ermordung Thälmanns so nachdrücklich mit seiner „Schreibtischtätigkeit" in Verbindung brachten, drohten sie diese rechtswissenschaftliche Tradition zu untergraben. Und daher griff der BGH ein, indem er dem Angeklagten auf einem Präsentierteller einen Ausweg anbot, den dieser selbst übersehen hatte. Ganz unschuldig war Hannover dabei aber auch nicht. Denn er war es, der in seinem früheren Plädoyer vor dem Krefelder Gericht diesen Ausweg einbrachte, indem er andeutete, dass es für Otto doch wesentlich bessere Entschuldigungen für seine Beteiligung an dem Mord gegeben hätte als ein einfaches Leugnen:

> Er hätte z. B. sagen können: Ich weiss, dass X, Y, Z Thälmann erschossen haben, aber ich war dieses eine Mal nicht dabei, weil ich Urlaub hatte, krank war oder was es der Gründe mehr geben mag. Eine solche Einlassung, die schwer zu widerlegen gewesen wäre, hat der Angeklagte nicht gebracht und wird sie auch nicht mehr glaubwürdig nachschieben können.[161]

Zufall oder nicht, es war genau dieser Gedankengang, den der BGH aufgriff und am 25. März 1987 dem Landgericht Düsseldorf im Rahmen der Neubewertung des Falles zur Prüfung vorlegte.

17. Der Prozess in Düsseldorf

Am 10. März 1988 wurde vor dem Landgericht Düsseldorf das letzte Kapitel des Strafverfahrens gegen den inzwischen 78-jährigen Otto eröffnet. Die Chance, dass die neuen Richter nach der Intervention des BGH ihren Krefelder Kollegen folgen und Otto erneut für schuldig erklären würden, schien fast ausgeschlossen. Dazu musste der Nebenklagevertreter Hannover sie weiterhin von der Glaubwürdigkeit der Zeugenaussagen von Zgoda und Fricke überzeugen oder neue Beweise finden, die zeigten, dass Otto am Tag des Mordes nicht nur „Dienst" getan hatte, sondern auch direkt an der Ausführung des Mordes beteiligt gewesen war. Es schien von vornherein eine aussichtslose Aufgabe zu sein, aber Hannover zeigte sich streitbar. In der Einleitung seines Plädoyers peitschte er die deutsche Justiz im Allgemeinen und den BGH im Besonderen mit einem glühenden und von Zynismus erfüllten Vortrag über die Doppelmoral, mit der sie der politischen Gewalt von „links" und „rechts" entgegentraten:

Ein Terroristenprozess geht zu Ende, der allen Regeln widerspricht, die sich sonst für Verfahren gegen Terroristen eingebürgert haben. Das Gericht verhandelte in einem Stil, dem wohl von allen Verfahrensbeteiligten ein Höchstmaß an Fairness, Rücksichtnahme und Gründlichkeit bescheinigt werden muss. Die Staatsanwaltschaft präsentierte sich frei von jedem Verfolgungseifer. Und der Angeklagte trug weder Fesseln noch spürbare Gewissenslasten mit sich herum und schaut gelassen dem von der Anklagebehörde für ihn beantragten Freispruch entgegen. Ein Terroristenprozess besonderer Art also, der ja auch nicht dem Mitglied einer kleinen, sich als Widerstandskämpfer verstehenden Gruppe aus dem linken Spektrum gilt, sondern dem ehemaligen Angehörigen der größten Terrororganisation aller Zeiten. Der Mord an Ernst Thälmann war nur einer von vielen Morden, an denen jener Mann auf der Anklagebank mitgewirkt hat, einer von den vielen Morden des Naziregimes, die keine Sühne gefunden haben. […]

Schon die Schreibstubenfunktion des Angeklagten [...] hätte nach meiner Auffassung genügt, ihn als Tatbeteiligten des Thälmann-Mordes schuldig zu sprechen. Denn das ist ja die Besonderheit des bürokratisch organisierten Massenmords, dass die strafrechtliche Verantwortung der Beteiligten wächst, je höher sie in der Hierarchie eingestuft sind, je weiter sie also von dem Ort, wo die Befehle ausgeführt werden, entfernt sind. Das Jerusalemer Urteil gegen Eichmann hat diese Erkenntnis klar formuliert. Bundesdeutsche Gerichte waren unter Führung des Bundesgerichtshofs gezwungen, sich dieser Erkenntnis zu verschließen und entgegen den einfachsten Regeln der Logik nur die höchste Spitze der Pyramide posthum schuldig zu sprechen sowie den Mann an der Basis, der die Mordbefehle in die blutige Henkerstat umsetzt, während dazwischen ein strafrechtliches Loch gähnt, in dem es keine Kausalität und keine Schuld gibt.

Wie anders weiß der Bundesgerichtshof zuzupacken, wenn es nicht um einen Terroristen von rechts, sondern um einen linken geht. Der gleiche 3. Strafsenat, der dieses Gericht nötigt, die Anwesenheit Ottos bei der Erschießung Thälmanns im Krematoriumseingang festzustellen, billigte die Verurteilung des RAF-Aussteigers Peter-Jürgen Boock als Mittäter des Mordes an Schleyer, obwohl Boock in Bagdad war, als Schleyer im Elsass erschossen wurde. Herr Otto war nicht in Bagdad, als Thälmann erschossen wurde. Ihm konnte mit dem gleichen Recht wie Boock unterstellt werden, dass er von Thälmanns Erschießung wusste, an ihrer Vorbereitung beteiligt und mit ihr einverstanden war. Macht nichts, der eine bekommt „lebenslänglich", der andere soll freigesprochen werden. Das ist deutsche Justiztradition.[162]

Hannovers Philippika gegen die deutsche Justiz wurde von den Richtern in Düsseldorf kommentarlos zur Kenntnis genommen. Zugänglicher zeigten sie sich – bis zu einem gewissen Grad – für seinen Versuch, das geschädigte Bild des Zeugen Zgoda zu rehabilitieren.[163] Sie erkannten an, dass für Zgodas Behauptung, den Mord an Thälmann mit eigenen Augen gesehen zu haben, einiges sprach. Wichtig dabei war die Tatsache, dass Zgoda in seinen verschiedenen Vernehmungen immer wieder die gleiche

Essenz seiner angeblichen Beobachtungen geschildert hatte – „Beobachtungsposition hinter dem Schlackehaufen, Herankommen eines Fahrzeugs mit drei Zivilisten, Bildung eines Spaliers durch SS-Leute zum Eingang des Krematoriums, das Fallen von Schüssen." Dass das Gleiche nicht für die Namen der anwesenden SS-Männer galt, hielt das Gericht für nichts Ungewöhnliches, da dies „im erfahrungsgemäßen Eintreten eines Erinnerungsverlustes infolge Zeitablaufs eine hinreichende Erklärung" fand. Mit Ausnahme seiner Vernehmung im Entnazifizierungsverfahren gegen Eichler hatte Zgoda auch immer Otto als eine der beteiligten Personen bezeichnet. Das Gericht hielt es für „erklärbar", dass er dies laut offiziellem Vernehmungsprotokoll im Fall Eichler aufgrund eines möglichen Versäumnisses des Protokollanten unterlassen hätte. Mit Hannover vertrat das Landgericht die Auffassung, es bestehe kein Grund zu der Annahme, dass Zgoda die von ihm identifizierten Personen zu Unrecht der Beteiligung an der Ermordung Thälmanns beschuldigen wollte:

> Etwas anderes gilt auch dann nicht, wenn man davon ausgeht, dass der Zeuge Zgoda sich durch seine in Dachau abgegebenen Erklärungen möglicherweise als Kronzeuge der Anklage gegen andere Personen eine Verteidigungsposition verschaffen wollte, um etwaige[n] Beschuldigungen gegen ihn selbst, an Tötungen mitgewirkt zu haben [...], [zuvorzukommen]. Ein solches Motiv kann aber noch nicht unmittelbar nach dem Tatgeschehen bestanden haben. Es liegen jedoch hinreichende Anhaltspunkte dafür vor, dass der Zeuge Zgoda bereits kurz nach der Tat im Konzentrationslager Buchenwald anderen Häftlingen von Beobachtungen und der Tatbeteiligung des Angeklagten berichtet hat.

Damit distanzierte sich das Gericht entschieden von dem schwersten Vorwurf, den Staatsanwalt Korsch und seine Mitarbeiter gegen die Zuverlässigkeit Zgodas erhoben hatten. Denn ebenso wie die Düsseldorfer Richter hätten die Ermittler der Kölner Staatsanwaltschaft diesen Schluss ziehen können und – angesichts ihrer Sachkenntnis – auch ziehen müssen, anstatt zu suggerieren, Zgoda sei nichts weiter als ein „Berufszeuge", der Otto zu Unrecht ans Kreuz nageln wollte. Die Schlussfolgerung der Düsseldorfer Richter, dass dieser Verdacht völlig unbegründet sei, konnte daher als ein weiterer Vorwurf an die Kölner Staatsanwaltschaft gelesen werden.

Doch hier endete die Einstimmigkeit zwischen den Richtern und dem Nebenklagevertreter über den Zeugen Zgoda. Da war zum Beispiel die Frage nach Zgodas Fluchtweg über den Luftschacht am Tag des Mordes. Angesichts der Ergebnisse der Lagerbesichtigung und der Schlussfolgerungen, die das Krefelder Gericht daraus gezogen hatte, musste auch Hannover einsehen, dass Zgodas Geschichte nicht stimmen konnte. Auf der anderen Seite hatte er das größte Interesse daran, den Kern seiner Aussage zu erhalten – insbesondere die Identifizierung Ottos als Beteiligten an dem Mord. Daher schlug Hannover vor, Zgodas „Luftschachtgeschichte" sei lediglich eine nebensächliche Erinnerung an ein ansonsten sehr dramatisches Ereignis, das sich in Zgodas Gedächtnis eingeprägt habe. Laut Hannover könnte Zgoda den Luftschacht bei ähnlichen Sonderaktionen, deren Zeuge er gewesen war, benutzt und diese Version fälschlicherweise in seinen späteren Aussagen zu den Ereignissen um die Ermordung Thälmanns aufgenommen haben. Einen Hinweis dafür sah Hannover in Zgodas Erklärung, dass er noch in derselben Nacht eine Reihe von Genossen über seine Beobachtungen informiert habe. Unter ihnen waren, wie wir vorhin bereits gesehen haben, seine Mithäftlinge Ernst Busse und Zbigniew Fuchs. Dass Busse in seinem Vorwort zu dem 1946 herausgegebenen Buch über Buchenwald die Geschichte Zgodas überhaupt nicht erwähnte, wie schon das Krefelder Gericht festgestellt hatte, erklärte Hannover mit der Bemerkung, das Gericht hätte erkennen müssen, „wie gering manchmal der Einfluss eines Vorwortschreibers oder Mitherausgebers auf den Inhalt eines Buches ist." Dass auch Fuchs sich an ein Gespräch mit Zgoda nicht erinnerte, mag auf ein nach so vielen Jahren fehlendes Gedächtnis zurückzuführen sein. Die Tatsache, dass Zgoda kurz nach dem Mord mit mehreren Mithäftlingen über seine Erlebnisse gesprochen hatte, wurde jedoch auf der Grundlage anderer Zeugenaussagen festgestellt. Dies bedeute, so Hannover, dass er in den Gesprächen mit diesen Mithäftlingen, die die Umstände (Sonnenuntergangszeit während der Sommersaison, Lage auf dem Krematoriumsgelände usw.) ebenso gut kannten wie er selbst, die „Luftschachtgeschichte" niemals hätte erwähnen können, da er dann regelrecht ausgelacht worden wäre. Das war aber nicht der Fall gewesen, und daher muss er ihnen wohl eine glaubwürdigere Version vorgelegt haben. Eine Version, die er bei seinen Verhören 1962 und 1963 erwähnt hatte und die aller Wahrscheinlichkeit nach dem tatsächlichen Verlauf der Ereignisse entsprach: Er war gar nicht mit den anderen Krematoriumsmitarbeitern eingesperrt worden, sondern war zunächst im Hauptlager herumgelaufen und erst am Abend auf das Krematoriumsgelände zurückgekehrt, wo er sich dann hinter dem Schlackenhaufen versteckt und die Ereignisse beobachtet hatte. Hannover erklärte auch, warum Zgoda diese Version erneut änderte, nachdem Staatsanwalt Korsch ihm während des Verhörs mitteilte, dass er früher etwas anderes behauptet hatte:

„Welche Aussage ist richtig?" steht im Protokoll [...]. Es kann auch, wie ich es oft genug gehört habe und gerade Herrn Dr. Korsch durchaus zutraue, gefragt worden sein: „Haben Sie damals die Wahrheit gesagt?" Zgoda wird gespürt haben, dass ihm von seiten dieses Vernehmers nicht gerade Wohlwollen entgegenschlug, und er hatte schlimme Erfahrungen mit den Angehörigen des deutschen Herrenvolkes. Da mag es ihm geraten erschienen sein, lieber die richtigere Aussage zurückzunehmen, als Ärger mit der falschen zu kriegen. Wahrscheinlich wusste er aber wirklich nicht, welche Erinnerung an den Luftschacht zu welchem Mord gehörte. Und so blieb der Luftschacht als Stolperstein für die Wahrheitsfindung in den Akten.[164]

Hannovers Argumente waren einfallsreich, aber höchst spekulativ, und das Gericht fand sie nicht überzeugend genug, um seine Zweifel an Zgodas Augenzeugenaussage aufzugeben. Dass er bereits kurz nach dem Mord seinen Mithäftlingen dasselbe erzählt hatte, was er später in Dachau aussagen würde, hielt das Gericht auf der Grundlage verschiedener Zeugenaussagen tatsächlich für sehr wahrscheinlich. Dies allein sprach schon für die Überzeugung, dass Zgoda seine Erfahrungen nicht frei erfunden hatte. Schließlich habe er damit rechnen müssen, dass ihn jemand als Augenzeuge des Mordes an die SS verraten könnte. Und es sei ziemlich unwahrscheinlich, dass Zgoda sich einer so großen Gefahr ausgesetzt hätte, wenn er nicht auch tatsächlich irgendwie Zeuge des Mordes gewesen wäre.

Dennoch blieben die Zweifel bestehen. Hannovers Theorie, dass Zgodas „Luftschachtgeschichte" fälschlicherweise eine frühere Erfahrung widerspiegelte, war nach Ansicht des Gerichts denkbar, aber nicht wahrscheinlich. In keiner seiner Aussagen hatte Zgoda jemals etwas angedeutet, das in diese Richtung ging. Darüber hinaus hatte er selbst angegeben, dass im Krematorium den ganzen Tag vor dem Mord eine angespannte Atmosphäre herrschte, ausgelöst durch die Erwartung, dass etwas Besonderes geschehen würde. Zgoda hatte daher beabsichtigt, Zeuge dieses besonderen Ereignisses zu werden. Die Erfahrung zeige, so das Gericht, dass solche Umstände in der Regel geeignet seien, die Aufmerksamkeit der Zeugen für diese Umstände zu schärfen und die Ereignisse in der Erinnerung zu verankern. Das bedeutete dann aber auch, dass der Weg, den Zgoda von den Unterkünften aus genommen hatte, „kein lediglich nebensächliches Randgeschehen" betraf, das im Laufe der Zeit leicht vergessen oder vertauscht worden sein konnte, wie Hannover suggerierte. Darüber hinaus hatte Zgoda in den vielen Aussagen, die er relativ kurz nach dem Ereignis selbst in den Jahren 1947 und 1948 vor Justizvertretern, Journalisten und anderen Personen gemacht hatte, immer wieder seine Kletterpartie aus der Häftlingsunterkunft geschildert. Und auch das machte einen nachträglichen Fehler oder eine Verwechslung höchst unwahrscheinlich, so das Urteil des Gerichts.

Wichtig war außerdem, dass die Zeugenaussagen von Fuchs Anlass zu ernsthaften Einwänden gegen die Version von Zgoda gaben. Genau wie Zgoda hatte Fuchs dem sechsköpfigen Leichenkommando angehört. Obwohl Fuchs nicht mit Sicherheit sagen konnte, dass Zgoda am fraglichen Tag zusammen mit ihm und den anderen in den Schlafräumen des Krematoriums eingesperrt war, hielt er dies aufgrund der Umstände für selbstverständlich. So auch das Gericht, das es für ausgeschlossen hielt, dass sich Zgoda während der Vorbereitung des streng geheimen Mordauftrags an Thälmann im Lager hätte frei bewegen können. Wenn er aber tatsächlich mit Fuchs und seinen anderen Kameraden eingesperrt war, wurde die Geschichte seiner Augenzeugenaussage nicht überzeugender. Abgesehen von den Unwahrscheinlichkeiten, die mit der „Luftschachtroute" verbunden waren, gab es zum Beispiel Zgodas Behauptung, dass er nach dem Mord über die gleiche Route in das Krematoriumsviertel zurückgekehrt wäre, wo Fuchs und die anderen schliefen. Dies bedeutete, wie das Gericht feststellte, dass er durch das Fenster dieser Unterkunft wieder hineingeklettert sein musste. Unter diesem Fenster befand sich im Inneren jedoch ein Etagenbett, in dessen oberem Teil der Zeuge Fuchs schlief. Dass Zgoda auf diese Weise hätte zurückkehren können, ohne dass Fuchs dies bemerkt hätte, hielt das Gericht für „kaum möglich". Und dann war da noch Zgodas Behauptung, er habe Fuchs unmittelbar nach seiner Rückkehr über das, was er gehört und gesehen hatte, informiert. Der Zeuge Fuchs konnte sich nämlich nicht daran erinnern, und unter den gegebenen Umständen – schließlich hatte Fuchs selbst weitgehend gehört, was Zgoda ihm beschrieben haben soll – hielt das Gericht es für „in hohem Masse unwahrscheinlich", dass Fuchs ein solches Gespräch vergessen haben könnte, wenn es tatsächlich stattgefunden hätte.

Die Tatsache, dass Zgoda nicht immer alle Namen der Mordbeteiligten korrekt genannt habe, widerspreche noch nicht seiner Glaubwürdigkeit. Das Gericht fand es jedoch ganz unverständlich, dass in den zahlreichen Versionen, die er seiner Lebensgefährtin gemalt hatte, überhaupt keine Namen auftauchten:

> Sie hat in ihrer Vernehmung vom 24. 1. 1986 bekundet, der Zeuge Zgoda habe ihr mehrfach von der in Rede stehenden Tat und dass er sie beobachtet habe, berichtet. Auf ihre Frage, wer geschossen habe, habe Zgoda erklärt, das wisse er nicht, das seien Fremde gewesen, hohe SS-Offiziere, die er noch nie

im Lager gesehen habe. Für die Kammer ist nicht erklärbar, warum Zgoda bei den Vernehmungen bis zu 10 Namen von Angehörigen des KL Buchenwald genannt, seiner Lebensgefährtin gegenüber jedoch erklärt hat, er kenne die Täter nicht.

Es liegen keinerlei Anhaltspunkte dafür vor, dass sich die Zeugin in diesem Punkt geirrt hat. Ihr Hinweis auf hohe SS-Offiziere, die der Zeuge noch nie im Lager gesehen habe, ist so konkret, dass er schwerlich von der Zeugin erfunden worden sein kann. Es erscheint auch ausgeschlossen, dass die Zeugin Kelch den Zeugen Zgoda missverstanden haben könnte, wenn er ihr tatsächlich das Gegenteil, nämlich seine namentliche Kenntnis der Tatbeteiligten geschildert hatte.[165]

Und auch Hannovers Erklärung der Tatsache, dass Zgodas Geschichte in dem von Busse 1946 veröffentlichten Buch nicht erwähnt wurde, konnte das Gericht nicht überzeugen:

Auch wenn Busse auf den Inhalt des Buches keinen Einfluss hätte nehmen können, so hätte es doch nahegelegen, dass er jedenfalls in dem von ihm verfassten Vorwort darauf hingewiesen hätte, wenn er von Zgoda tatsächlich über die Tat und ihren Hergang informiert worden wäre.[166]

Bei der Prüfung der Glaubwürdigkeit Zgodas berücksichtigte das Düsseldorfer Gericht zudem seine Aussagen im Prozess gegen Otto Eichler vor dem LG Stuttgart im Jahre 1949. In diesem Fall hatte Zgoda wiederum sehr bestimmt angegeben, dass am Abend und in der Nacht vom 26. auf den 27. November 1941 – zwischen 20.00 und 04.00 Uhr – 700 Russen im Pferdestall von Buchenwald erschossen worden waren. In seinem Plädoyer vermutete Hannover, dass Zgoda („anscheinend ein intellektuell nicht allzu beweglicher Mann") dabei von seinen cleveren und erfahrenen Vernehmern manipuliert worden wäre, sodass er eine unwahrscheinlich hohe Zahl von Opfern genannt hatte.[167]

Die Düsseldorfer Richter, die seine damaligen Aussagen noch einmal genau überprüften, fanden jedoch keinen Anhaltspunkt dafür – im Gegenteil. So hatte Zgoda drei Wochen nach seiner ursprünglichen

Aussage über diese exzessive Massenhinrichtungsaktion seine Behauptungen noch mit dem Zusatz präzisiert, er sei sich ganz sicher, dass es 700 Opfer gewesen seien, weil er die Leichen damals selbst gezählt habe. Nachdem der Untersuchungsrichter ihn darauf hingewiesen hatte, dass es unmöglich sei, dass in einem Zeitraum von acht Stunden eine so große Zahl von Hinrichtungen stattgefunden hätte, behauptete Zgoda, dass die Hinrichtungen zwei Stunden früher begonnen hätten. Anschließend hatte das Gericht Zgoda während der Verhandlung darauf hingewiesen, dass selbst bei einer durchschnittlichen Hinrichtungszeit von einer Minute die Zahl von 700 Opfern unmöglich in zehn Stunden hätte erreicht werden können. Zgoda hatte auf diese Beobachtung geantwortet, dass sich unter den 700 Opfern viele Invaliden befunden hätten, die von der SS aus Zeitgründen bereits im Umkleideraum erschossen worden seien. Und entgegen seiner anfänglichen Behauptung, die Opfer gezählt zu haben, gab er nach einer Weile zu, dass es nur eine Schätzung gewesen sei. Diese Schätzung hätte auf der Grundlage der Zahl der mit Leichen gefüllten Lastwagen basiert. Laut Zgoda gab es neun bis zehn davon, die jeweils 35 bis 40 Leichen zum Krematorium transportierten. Auf den Einwand des Gerichts, dass dies höchstens vierhundert und nicht 700 Opfer bedeutet hätte, beharrte Zgoda dann doch auf der letzteren Opferzahl und erklärte erneut, er habe sie selbst gezählt.

Es waren vor allem diese unwahrscheinlichen und stark schwankenden Aussagen Zgodas aus dem Jahr 1949, die das Landgericht Düsseldorf dazu veranlassten, seine Glaubwürdigkeit auch als Augenzeuge des Mordes an Thälmann infrage zu stellen:

> Zwar vermögen die kleinen Unaufrichtigkeiten bezüglich des Familienstandes und der Haftzeiten nachvollziehbare Motive haben – etwa eine problemlose Wiederverheiratung und der Erhalt einer höheren Entschädigung – und keinen Rückschluss auf die für dieses Verfahren bedeutsamen Bekundungen zulassen. Zu solchen Zweifeln gibt aber die Bekundung über die Erschiessung von 700 russischen Kriegsgefangenen

Anlass. Die angegebene Zahl von Gefangenen konnte bei der vom Zeugen selbst in seinen verlesenen Aussagen beschriebenen Art der Ermordung – Scheinuntersuchung der Gefangenen, Hinstellen an die Messlatte, Abgabe des Schusses, Herausschaffen der Leichen durch die Leichenträger, Säuberung des Raumes von Blutspritzern und ähnlichem, dann Herbeiführen des nächsten Opfers – nicht in der beschriebenen Zeit durchgeführt werden. Der schliesslich erfolgte Hinweis auf die Erschiessung von Invaliden auf andere Art und Weise weckt den Verdacht, dass der Zeuge dieses Detail erfunden hat, um nicht von einer offenkundig falschen Angabe abweichen zu müssen. Dieser Umstand sowie die oben aufgeführten nicht lösbaren Widersprüche in den verschiedenen Angaben des Zeugen selbst, ihren Abweichungen von den Aussagen, die er gegenüber der Zeugin Kelch gemacht hat, und die Divergenzen zu den Bekundungen des Zeugen Fuchs begründen für die Kammer unbehebbare Zweifel am Wahrheitsgehalt seiner Aussage, er habe die Ermordung Ernst Thälmanns beobachtet.

Zwar vermag die Kammer keinen konkreten Grund festzustellen, warum der Zeuge Zgoda sich fälschlich als Augenzeuge der Tat bezeichnet haben sollte. Das gleiche gilt für den Umstand, dass der Zeuge davon offensichtlich schon kurz nach der Tat im Lager berichtet hat, obwohl er sich dadurch in Lebensgefahr bringen konnte. Auch hat er als Kern seiner Beobachtungen einen im wesentlichen gleichen Sachverhalt geschildert. In ihrem Kerngehalt können die Angaben des Zeugen daher durchaus der Wahrheit entsprechen. Dennoch vermag die Kammer die aus den aufgezeigten Widersprüchen in den verschiedenen Aussagen des Zeugen selbst und den Abweichungen insbesondere zu den Angaben des Zeugen Fuchs herrührenden Zweifel am Wahrheitsgehalt seiner Behauptung, er habe die Ermordung Ernst Thälmanns selbst beobachtet, nicht zu beheben.[168]

Mit dem Verlust der Zeugenaussage Zgodas blieb nur noch ein Zeuge für Ottos Beteiligung an der Ermordung Thälmanns übrig: der Buchenwald-Standesbeamte Werner Fricke. Wie wir schon sahen, bildete Frickes Aussage unter anderem die Grundlage für Ottos Verurteilung. Das Gericht in Krefeld erachtete seine Aussage über Ottos Anerkennung, bei

Thälmanns Hinrichtung anwesend gewesen zu sein, als sehr glaubwürdig. Die Düsseldorfer Richter kamen aufgrund ihrer eigenen Analyse jedoch zu einer ganz anderen Schlussfolgerung.

Insbesondere bezweifelten sie den Wahrheitsgehalt von Frickes Gespräch mit Otto in Dachau. Aus Frickes Schilderung des Anfangs dieses Gesprächs – Otto bestritt jeden Kontakt – ging nämlich hervor, dass die zwei SS-Männer einander nicht sonderlich sympathisch waren. Die Ursache für diese Friktion lag in der Tatsache, dass beide zu SS-Gruppen mit unterschiedlichem Status gehörten. Otto war Mitglied der sogenannten „Reservisten", während Fricke der „aktiven" SS angehörte. Zwischen beiden Gruppen gab es eine gewisse Rivalität und Neid, die – laut Fricke – in Buchenwald von Otto noch besonders geschürt wurden, indem er die Reservisten bevorzugte. Fricke hatte damals bereits mit Otto darüber gesprochen und ihm gesagt, dass es besser wäre, wenn er dies nicht täte, weil er sich bei der anderen SS nicht beliebt mache und vielleicht eine Zeit kommen würde, in der er diese „Aktivisten" noch dringend bräuchte. Fricke hatte Otto bei ihrem Treffen in Dachau angeblich an dieses Gespräch erinnert und dieser hätte dann mit der Frage geantwortet: „Du wirst mir doch nichts antun?" Daraus folgerte nun das Gericht, dass Otto sich möglicherweise durch Fricke eingeschüchtert gefühlt haben könnte und dass diese Möglichkeit das von Fricke skizzierte Gespräch unglaubwürdig machte. Erst nach der „Einschüchterung" hätte Otto nämlich zugegeben, bei der Hinrichtung von Thälmann anwesend gewesen zu sein. Das Gericht hielt dies nicht nur für eine äußerst unwahrscheinliche Reaktion auf Frickes vorherige Bemerkung, sondern angesichts der Umstände auch für höchst fragwürdig. Zum Zeitpunkt des angeblichen Gesprächs in Dachau stand Otto kurz davor, von den Amerikanern für die Verbrechen, die er in Buchenwald begangen hatte, vor Gericht gestellt zu werden. Zwar handelte es sich bei diesen Verbrechen ausschließlich um Kriegsverbrechen, die nicht an deutschen Opfern begangen worden waren, doch konnte sich Otto zu diesem Zeitpunkt dieser formalen Unterscheidung noch nicht sicher sein. Es war nicht undenkbar, dass die

Verbrechen, die er gegen seine eigenen Landsleute begangen hatte, in seinem Prozess zu seinem Nachteil berücksichtigt werden konnten. Und dies war einmal mehr der Fall, da es sich bei dem Opfer um einen international gefeierten Politiker vom Format Ernst Thälmanns handelte. So hätte Otto nach den Überlegungen des Düsseldorfer Landgerichts am Vorabend seines Prozesses in Dachau sehr wohl befürchten können, dass ein Geständnis der Beteiligung an der Ermordung Thälmanns für ihn nachteilig sein könnte. Und das machte es unwahrscheinlich, dass er kurz vor dem Prozess gegenüber dem ihm möglicherweise feindlich gesinnten Zeugen Fricke eine solche Beteiligung zugegeben hätte. Dieses Szenario der angespannten Beziehungen zwischen Otto und Fricke und die damit verbundenen Konsequenzen waren, wie die Düsseldorfer Richter erkannten, zwar nicht mehr als Möglichkeiten. Aber es waren Möglichkeiten, die nicht ausgeschlossen werden konnten, und so wirkten sie nach guter strafrechtlicher Tradition zum Vorteil des Angeklagten.

18. In dubio pro reo

Als Beweise für Ottos Anwesenheit beim Mord an Thälmann wurden also sowohl Zgodas als auch Frickes Zeugenaussagen vom Gericht in Düsseldorf als untauglich angesehen. Was jetzt noch zu klären galt, war, ob Ottos Beteiligung an diesem Mord dennoch aus seiner Rolle und Funktion in Buchenwald abgeleitet werden konnte. Es war die Frage, die der BGH bereits in seiner Kassationsentscheidung aufgeworfen hatte, und um sie beantworten zu können, musste selbstverständlich zunächst einmal ermittelt werden, ob Otto in seiner Funktion als „Lagerspieß" zum Zeitpunkt des Mordes überhaupt im Dienst war. Komplizierend kam hinzu, dass die Richter in Krefeld das genaue Datum des Mordes nicht festgestellt hatten. Auf der Grundlage von Hitlers dokumentiertem Liquidationsbefehl an Himmler einerseits und einer Reihe glaubwürdiger, aber divergierender Zeugenaussagen über den Zeitpunkt der Liquidation andererseits waren sie zu dem Schluss gekommen, dass der Mord irgendwann zwischen dem 14. und 24. August stattgefunden haben muss. Nachdem der BGH deutlich gemacht hatte, wie wesentlich die Feststellung der Aktivitäten Ottos während dieser zehn Tage für die Beantwortung der Frage nach seiner möglichen Beteiligung an dem Mord war, kam Otto nun plötzlich mit einer Behauptung, die eine solche Feststellung unmöglich machen sollte. So räumte er zwar ein, während des fraglichen Zeitraums im Konzentrationslager gedient zu haben, fügte jedoch hinzu, dass seine Frau ihn zu seinem Geburtstag am 23. August besucht und eine Woche lang in einem Hotel in Weimar gewohnt habe, wo er nach seiner Schicht jeden Abend und jede Nacht mit ihr verbracht hätte. Er konnte sich aber nicht mehr erinnern, ob diese Woche vor oder nach dem 23. gewesen war. Da der Mord an Thälmann ohnehin in der Nacht stattgefunden hatte, verschaffte sich Otto damit ein Alibi, das wasserdicht zu sein schien.

Aber was weder er noch die anderen Prozessparteien erwarteten, war, dass es Hannover gelingen würde, Beweise zu finden, die dieses

Alibi auffliegen lassen würden. Diese wurden ihm von der ostdeutschen Justiz in Form der sogenannten Fernschreibbücher des Konzentrationslagers Buchenwald in die Hände gespielt. Hannover versäumte nicht, zu signalisieren, dass diese Bücher sich lange Zeit ungenutzt im westdeutschen Bundesarchiv befunden hatten und schließlich im Rahmen eines Kulturaustauschabkommens an die DDR übergeben worden waren. Aus diesen Fernschreibbüchern ging nun nicht nur hervor, dass Otto tatsächlich seine Tagesschichten zwischen dem 14. und 24. August geleistet hatte, sondern auch, dass er wiederholt außerhalb seiner formellen Schicht (von 08:00 bis 18:00 Uhr) im Lager tätig gewesen war und vom Lagerkommandanten Pister aufgetragene dienstliche Handlungen verrichtet hatte. So konnte durch seine Paraphierung in den Büchern genau festgestellt werden, dass Otto am Abend des 17. August sowie in der darauf folgenden Nacht in Buchenwald tätig gewesen war. Dies war eine äußerst wichtige Feststellung, denn die Schlüsselzeugen Zgoda und Fuchs wie auch der Zeuge Osche hatten den Mord an Thälmann genau in dieser Nacht datiert. Wenn die Düsseldorfer Richter jetzt ihre Aussagen zu diesem Punkt akzeptierten, konnte Ottos Beteiligung an der Ermordung Thälmanns nicht mehr glaubwürdig geleugnet werden und Hannovers Triumph über den „programmierten Freispruch" durch den BGH wäre endgültig.

Aber dazu würde es nicht kommen. Denn die Düsseldorfer Richter hatten nicht die Absicht, die Andeutungen des BGH zu hinterfragen, und wollten sich daher nicht auf den genauen Zeitpunkt des Mordes festlegen. Immerhin hatten die „Herren aus Karlsruhe" in ihrer Entscheidung ausdrücklich angegeben, dass das Gericht die Unbestimmtheit des Tages, an dem der Mord begangen wurde, und die Möglichkeit, dass Otto „im Dienst", aber aus welchen Gründen auch immer zum Zeitpunkt des Mordes nicht anwesend gewesen war, berücksichtigen sollte. Damit hatte der BGH Ottos Verteidigung ein Traumszenario in den Schoß geworfen, in dem der Angeklagte nur noch sein neues Alibi nutzen musste, um sich eines Freispruchs sicher zu sein.

Hannover hatte diesen Traum grob gestört, indem er nachwies, dass Otto in dem fraglichen Zeitraum tatsächlich nie dienstfrei gewesen war: Auch außerhalb seiner regulären Arbeitszeit hatte er nachweislich seine Pflichten erfüllt und war immer auf Abruf zur Stelle gewesen, wenn er mit seiner Frau in dem acht Kilometer entfernten Hotel in Weimar Geburtstag gefeiert hatte. Um das Traumszenario nicht völlig platzen zu lassen und den Ausgang des vom BGH vorbestimmten Prozesses nicht noch in Ottos Albtraum umzuwandeln, musste das Gericht jetzt vermeiden, anzuerkennen, dass der Mord tatsächlich in der Nacht vom 17. auf den 18. August 1944 stattgefunden hatte, wie von Zgoda, Fuchs und Osche angedeutet. Und deshalb bestritt das Gericht die Beweiskraft der Aussagen der drei Zeugen zu diesem Punkt. Im Fall von Zgoda und Osche ging dies recht einfach: In ihrer Wiedergabe der Geschehnisse konnte – so das Gericht – überhaupt kein Hinweis auf die Wahrscheinlichkeit der Datierung gefunden werden. Fuchs dagegen glaubte, den Mord aufgrund seines Geburtstages einige Tage zuvor (am 14. August) genau fixieren zu können. Dies führte zu einer Komplikation. Denn auch die Düsseldorfer Richter erkannten Fuchs' Zuverlässigkeit als Zeuge an. Und der Grund für seine Datierung – die Nähe seines eigenen Geburtstages – war ganz plausibel. Fuchs musste jedoch zugeben, dass er nicht in allen seinen Verhören das Datum des Mordes so genau angegeben hatte, möglicherweise weil er nicht ausdrücklich danach gefragt worden war. Das Gericht hielt es allerdings für „zumindest nicht ausschließbar", dass Fuchs auf das Datum des 17. August gekommen war, weil er es während seiner Anwesenheit bei der oben bereits genannten öffentlichen Sitzung im Februar 1980 über den Mord an Thälmann an der Berliner Humboldt-Universität gehört hatte.[169] Damit wollte das Gericht keineswegs suggerieren, dass Fuchs absichtlich gelogen hätte, sondern vielmehr, dass ihm sein Gedächtnis einen Streich gespielt habe:

> Dabei ist nicht auszuschließen, dass Erklärungen Dritter mit dem eigenen Erleben zu einem Ganzen verwoben werden und, zumal wenn sie glaubhaft

erscheinen und die eigenen Kenntnisse widerspruchsfrei ergänzen, schließlich als eigene Erinnerung im Gedächtnis verankert werden. Dies kann auch – zumindest nicht ausschließbar – beim Zeugen Fuchs geschehen sein, wenn er etwa bei der Anhörung in Berlin das Datum 17.08.1944 hörte und dies mit seiner eigenen Erinnerung – Tattag nahe an seinem Geburtstag – zwanglos in Übereinstimmung zu bringen war. Der Hinweis auf den Geburtstag wäre nach der Überzeugung der Kammer nur dann eine zuverlässige Gedächtnisstütze, wenn die Tat an diesem Tage selbst geschehen wäre. Liegen mehrere Tage zwischen dem Geburtstag und dem weiteren Ereignis, so kann sich die Anzahl der dazwischenliegenden Tage im Laufe der Zeit in der Erinnerung verschieben.[170]

Die Düsseldorfer Richter bestätigten damit die frühere Feststellung ihrer Krefelder Kollegen, dass der Mord an Thälmann irgendwann in den Tagen zwischen dem 14. und 24. August stattgefunden hatte. Und da aus den Fernschreibbüchern nicht für alle diese Tage hervorging, dass Otto zur Zeit des Verbrechens im Lager gedient hatte, war die Möglichkeit, dass er abwesend gewesen war, „nicht sicher auszuschließen".

Damit waren die Probleme für den Angeklagten aber noch nicht ganz vorbei. Denn aus denselben Fernschreibbüchern ging auch hervor, dass Otto für den Lagerkommandanten Pister jederzeit erreichbar war und gegebenenfalls „in Dienst" gerufen werden konnte. Die entscheidende Frage war daher, ob Ottos Mitwirkung daraus zwingend erfolgte. Anders ausgedrückt: ob bei den Vorbereitungen und der Ausführung des Mordes auf Otto verzichtet werden konnte. Nach Ansicht des Bezirksgerichts war dies der Fall, und so musste erneut – *in dubio pro reo* – davon ausgegangen werden:

Nach dem Ergebnis der Beweisaufnahme ist die Tatbeteiligung des Angeklagten nicht sicher auszuschließen, sondern möglich. Er kam nach seiner Stellung im Lager, seiner Funktion, seinem Aufgabenbereich und bei dem Vertrauen, das er bei seinen Vorgesetzten genoss, für eine Mitwirkung auch bei einer so aussergewöhnlichen Sonderaktion, wie der hier in Rede stehenden, durchaus als für eine Mitwirkung geeignet in Betracht.

Diese Indizien lassen aber einen anderen Geschehensablauf – Durchführung der Tat ohne Wissen und Beteiligung des Angeklagten durch andere SS-Angehörige und Mitglieder des Transportkommandos – nicht lediglich als unwahrscheinliche, nur theoretisch denkbare Alternative, sondern als nicht fernliegende Möglichkeit erscheinen. Denn man bedurfte des Angeklagten nicht unbedingt, da der organisatorische Aufwand geringer war als bei den Hinrichtungen, an denen der Angeklagte sonst beteiligt war. Statt seiner hätten, wenn neben den wahrscheinlich an der Tat beteiligten Schmidt, Warnstädt und Stobbe überhaupt weitere SS-Männer erforderlich erschienen, auch die Personen eingesetzt werden können, die etwa als Schützen im Pferdestall geschossen hatten.

Die Gesamtumstände weisen nicht derart eindeutig auf die Tatbeteiligung des Angeklagten hin, dass sie die dargelegten Zweifel an der Zuverlässigkeit der dahingehenden Bekundungen der Zeugen Zgoda und Fricke ausräumen könnten. Da die Tatbeteiligung des Angeklagten lediglich möglich ist, aber nicht zur sicheren Überzeugung der Kammer festgestellt werden konnte, war der Angeklagte [...] freizusprechen.[171]

Der Revisionsantrag von Irma Thälmann gegen das Düsseldorfer Urteil blieb erfolglos. Im Juni 1989 bestätigte der BGH die Entscheidung und beendete damit das Strafverfahren gegen den pensionierten Kriegsverbrecher und Pädagogen nach 25 Jahren endgültig. Otto konnte seinen Freispruch jedoch nicht lange genießen. Fünf Monate später starb er im Alter von 78 Jahren in seinem Wohnsitz Geldern.[172] Die Wochenzeitung *Die Zeit* zählte den Fall Thälmann in ihrem Kommentar zu den „peinlichen Beispielen" für das „schmerzhafte Scheitern" der westdeutschen Strafverfolgung von NS-Verbrechen. Das ostdeutsche SED-Parteimagazin *Neues Deutschland* sprach von einem „Skandal-Urteil" und einem Beweis für die politische Absicht der Bundesrepublik, den Mord an Thälmann um jeden Preis ungesühnt zu lassen.[173] Schließlich schrieb noch Irma Thälmanns Rechtsvertreter Heinrich Hannover zum Ausgang des Thälmannverfahrens:

Am 29. August 1988 wurde der letzte noch lebende Tatverdächtige des Thälmann-Mordes freigesprochen. Die in Düsseldorf tätig gewordenen Richter und Schöffen – von den Staatsanwälten ganz zu schweigen – haben die hohen Erwartungen nicht erfüllt, die eine kritische Öffentlichkeit nach dem Krefelder Urteil gehegt hatte. Man ist zum Justizalltag zurückgekehrt, der Nazimassenmördern allemal gute Chancen für den Freispruch geboten hat. Die bundesdeutsche Strafjustiz ist sich und ihrer Tradition treugeblieben. Der ungesühnte Mord an dem grossen Arbeitsführer und ungebeugten Kommunisten Ernst Thälmann wird eine Anklage gegen diese Justiz bleiben.[174]

19. Ein bitteres Nachspiel

Im gleichen Monat, in dem der BGH den Fall Thälmann beendete, schlug der Leiter der Abteilung Staats- und Rechtsfragen des Zentralkomitees der SED, Klaus Sorgenicht, seinem Kollegen Egon Krenz vor, von weiteren Versuchen, den Prozess zu verfolgen, abzusehen.[175] Neben den hohen Kosten seien die Erfolgsaussichten bei einer Beschwerde vor dem Bundesverfassungsgericht zu gering und Irma Thälmann habe bereits angedeutet, dass sie auf einen weiteren Prozess verzichten wollte. Sorgenicht sah aber noch andere Möglichkeiten:

> Der Freispruch von Düsseldorf sollte jedoch in unserer ideologischen Arbeit verstärkt als Beweis der unbewältigten Vergangenheit, Respektlosigkeit vor den Opfern des Faschismus und des Nährbodens für neonazistische Entwicklungen im Unrechtsstaat BRD verwendet werden.

SED-Chef Erich Honecker schloss sich dem Vorschlag Sorgenichts an. Aus der Umsetzung wurde jedoch nichts. Wenige Monate später war die DDR Geschichte und nach einiger Zeit enthüllten die ostdeutschen Archive die zweifelhafte Rolle, die Honeckers eigener Sicherheitsdienst im Fall Thälmann gespielt hatte. Jahrelang hatte der Staatssicherheitsdienst entscheidende Informationen über eine weitere Person, die an der Ermordung des gefeierten Kommunistenführers beteiligt gewesen war, zurückgehalten. Dies betraf den stellvertretenden Lagerführer von Buchenwald, Erich Gust. Bereits 1947 war Gust von Zgoda in seiner Aussage als einer von Thälmanns Mördern identifiziert worden, und sein Name stand wie der von Otto auf dem allerersten Haftbefehl der Weimarer Behörden von 1949. Von Anfang an befand sich Gust auch auf Kauls Liste der Beschuldigten.

Jahrelang suchten sowohl die west- als auch die ostdeutsche Justiz vergeblich nach Gust im Zusammenhang mit Verbrechen, die er in Buchenwald und anderswo begangen haben sollte. Im Januar 1969 meldete der ostdeutsche Geheimdienstminister Erich Mielke, dass Gust gefunden worden war: Zusammen mit seiner Frau betrieb er im westdeutschen Melle, unweit von Osnabrück, ein Restaurant unter dem Namen Franz Erich Giese. Im Gästebuch wurde dem Bericht zufolge auch nützliches Fotomaterial für mögliche Propagandazwecke aufgestöbert: Gust in Begleitung des westdeutschen Verteidigungsministers Kai Uwe von Hassel und des ehemaligen Ministers für gesamtdeutsche Fragen und SPD-Parteivorsitzenden Herbert Wehner.

Die Entdeckung von Gust wurde jedoch weder den westdeutschen noch den polnischen Justizbehörden (die Gust wegen seiner Verbrechen im Konzentrationslager Stutthof suchten) bekannt gemacht und sogar auch vor den eigenen Justizorganen verheimlicht. Intern, d. h. innerhalb der Stasi, wurden Diskussionen über die zu verfolgende Strategie geführt, die jedoch ergebnislos verliefen. Erst 1977 wandte sich die Stasi wieder Gust zu und stellte fest, dass er noch lebte und am selben Ort wohnte. Wiederum fanden interne Konsultationen statt, und es wurde unter anderem erwogen, die Informationen über Gust zu nutzen, um die westdeutsche Debatte über die bevorstehende Verjährung (1979) zu beeinflussen. Doch auch jetzt blieb es bei Überlegungen, und aus unklaren Gründen geschah mit der Akte Gust überhaupt nichts. Im August 1979 wurde sie sogar formell geschlossen. Dennoch erhielt die Untersuchung 1984 einen neuen Anstoß: Im Zusammenhang mit dem von Heinrich Hannover vor dem Düsseldorfer Gericht durchgesetzten Klageerzwingungsverfahren gegen Otto wurde die Stasi wieder auf die Spur von Gust gebracht. Im Oktober berichtete der Dienst, dass das Ehepaar Gust noch immer an derselben Adresse wohnte und „sich guter Gesundheit" erfreute: „Sie befinden sich zur Zeit auf Mallorca und verbleiben dort bis 22. 12. 1984. Die genaue Anschrift auf Mallorca konnte nicht in Erfahrung gemacht werden, auch nicht, ob sie dort in einem Hotel wohnen oder ein Haus haben."

Was mit der Akte Gust dann weiter geschah, bleibt merkwürdig undurchsichtig. Obwohl sich die Stasi über die Bedeutung des Falles Thälmann im Klaren war und der Vorstand der SED den westdeutschen Prozess gegen Otto aufmerksam verfolgte, tauchte die Akte Gust ab 1984 im Laufe des Strafverfahrens gegen Otto nicht wieder auf.[176] Auch der deutsche Forscher, der die Vertuschungsaffäre um Gust aufdeckte, musste eine Antwort auf dieses Rätsel schuldig bleiben: Wer innerhalb des Zentralkomitees der SED – außerhalb von Stasi-Chef Mielke – von der Sache wusste und warum sie den wegen Kriegsverbrechen und der Mittäterschaft am Mord an Thälmann verdächtigten Erich Gust vor Strafverfolgung schützten, blieb laut Falco Werkentin unklar.

Dennoch deutete er ein Motiv an, indem er die Frage aufwarf, ob es für die SED-Spitze vielleicht attraktiver gewesen wäre, die Informationen über Gust zurückzuhalten und damit die unbestrafte Ermordung Thälmanns durch die westdeutsche Justiz als Beweis für die unbearbeitete NS-Vergangenheit in der BRD fortbestehen zu lassen. Wenn Werkentin mit seinem Hinweis recht hat, erinnert das Handeln Honeckers an das der politischen Erben Thälmanns zur Zeit des Hitler-Stalin-Pakts. So wie sie damals aus propagandistischen Gründen darauf verzichtet hatten, bei Hitler die Freilassung ihres inhaftierten Führers einzufordern, zeigten ihre SED-Nachfolger mehr als vierzig Jahre später mehr Interesse an der agitatorischen Nützlichkeit des ungeahndeten Mordes an ihrer parteipolitischen Ikone als an der Strafverfolgung seiner Mörder.

Doch was auch immer die Motive der Regierung Honecker gewesen sein mögen, die Auffindung der Akte Gust in den ehemaligen Stasi-Archiven Anfang der 1990er-Jahre war für viele, die mit dem Fall Thälmann zu tun hatten, eine schmerzhafte Konfrontation. Dies galt auch für Nebenklagevertreter Heinrich Hannover, der die Affäre kommentierte als „eine der vielen Enttäuschungen, die man als Sozialist mit der DDR erlebt hat."[177] Hannovers Enttäuschung wurde von seiner ehemaligen Klientin Irma Thälmann aber nicht geteilt. Für Thälmanns Tochter blieben die DDR und ihre Führung auch nach der Implosion der ostdeutschen Republik trotz allem von einer heiligen Unantastbarkeit. Nach der Wende trat sie dem Nachfolger der SED, der Partei des Demokratischen Sozialismus, bei, wurde aber bald durch den „revisionistischen" Kurs und die damit verbundene Missachtung des

Erbes ihres Vaters enttäuscht. Die Tatsache, dass am fünfzigsten Jahrestag seiner Ermordung keine der PDS-Größen sich die Mühe machte, die Gedenkveranstaltung mit seiner Anwesenheit zu würdigen, schloss für Irma Thälmann die Tür. Sie verließ die PDS und trat der neu gegründeten KPD bei; einer Partei, die kaum noch sechshundert Mitglieder hatte. Sie kandidierte für die KPD bei der Bundestagswahl 1994 im Berliner Bezirk Friedrichshain/Lichtenberg. Mit dem Wahlspruch ihres Vaters „Arbeit, Brot und Völkerfrieden" gelang es ihr schließlich, 266 der 200.000 Wahlberechtigten zu überzeugen. Irma Thälmann starb im Dezember 2000 im Alter von 81 Jahren.[178]

Epilog: Der Thälmann-Komplex und die „Justizwende"

Es war kein Zufall, dass in der Rede, die der Leiter der Kölner *Zentralstelle zur Aufklärung von NS-Verbrechen* im November 2002 über die vierzigjährige Geschichte der Ermittlungsbehörde hielt, kein Wort über den Fall Thälmann verloren wurde.[179] Dafür war das Kölner Fiasko wohl zu peinlich. Selbst die Klever Richter, die 1984 eine Hauptverhandlung gegen Wolfgang Otto noch ablehnten, brachten ihre Verwunderung darüber zum Ausdruck, dass die Kölner Staatsanwaltschaft Anfang der 1960er-Jahre keine Anklage gegen die mutmaßlichen Mörder von Thälmann erhoben hatte.[180] Und ihre Kollegen aus Krefeld und Düsseldorf, die sich Jahre später dann doch noch über den Fall beugten, teilten ihr Erstaunen.

Wer nach einer Erklärung für dieses Versagen sucht, landet zwangsläufig im „Kalten Krieg" zwischen der Bundesrepublik und ihrem ostdeutschen Gegenüber. Denn in der langen Geschichte der deutschen Strafverfolgung von NS-Verbrechen gab es keinen Fall, der so sehr von den Spannungen zwischen den beiden Staaten geprägt war wie der Mord an dem Kommunistenführer Ernst Thälmann. Die schleppende Behandlung dieses Strafverfahrens durch die westdeutsche Justiz, aber auch die Kritik der ostdeutschen Seite daran illustrieren die unterschiedliche Sicht der beiden deutschen Staaten auf die gemeinsame Vergangenheit. Während sich die Bundesrepublik von Anfang an als legitime Nachfolgerin der Hitler-Republik verstand, sah sich die DDR als ihr antifaschistisches Opfer. Diese grundverschiedenen Orientierungen, verkörpert durch die jeweiligen politischen Eliten in West und Ost und verstärkt durch die Frontstellung beider Staaten in verfeindeten Machtblöcken, lenkten auch ihren strafrechtlichen Umgang mit NS-Verbrechen. Während in der kommunistischen ostdeutschen Republik die Abrechnung mit den Komplizen und Vertretern von Hitlers Verbrecherstaat im Mittelpunkt stand, lag im kapitalistischen Westen das Primat gerade bei der Minimalisierung dieser Abrechnung. Die

Strafverfolgung von NS-Verbrechern wurde von der westdeutschen Justiz so weit wie möglich auf die exponiertesten Verbrecher des Hitlerstaates beschränkt. Die anderen, darunter nicht wenige führende Unterstützer des Naziregimes, wurden eingeladen, sich der demokratischen Rechtsstaatlichkeit zu fügen.

Diese unterschiedliche Herangehensweise drückte sich auch im Strafrecht aus, das auf beiden Seiten bei der Verfolgung von Naziverbrechen zur Anwendung kam. Während die DDR die Anwendung der völkerrechtlichen Grundsätze von „Nürnberg" auf diese Verbrechen für verbindlich erklärte, beschränkte sich die BRD weitgehend auf die Durchsetzung des nationalen deutschen Strafrechts. Dies hatte erhebliche Konsequenzen. So blieben in Westdeutschland viele an den Naziverbrechen Beteiligte außerhalb des wesentlich breiter gefassten völkerstrafrechtlichen Auffangnetzes der DDR. So auch die Mörder von Thälmann. Aus Sicht der DDR waren die Verfehlungen der Kölner Justiz bei der Strafverfolgung von Wolfgang Otto und seinen Mitbeschuldigten sowie das juristische Jonglieren mit der Konkretisierung des Tatnachweises, der Mordqualifikation und der Verjährung beispielhaft für die grundsätzliche Unangemessenheit des westdeutschen Strafrechts im Umgang mit NS-Verbrechern und die generelle Weigerung der Behörden, ihre Strafverfolgung ernst zu nehmen.

Für Staatsanwalt Korsch und seine Mitarbeiter galten „kommunistische" Zeugen von vornherein als unzuverlässig und unglaubwürdig. Dies betraf vor allem den Hauptzeugen Marian Zgoda, der zwar kein Kommunist war, von dem aber berichtet wurde, dass er einmal (1951) prokommunistische Lektüre auf der Straße verteilt hatte. Damit demonstrierte er eine politische Loyalität, die in den frühen 1960er-Jahren von dem Establishment, dem Korsch angehörte, noch als äußerst subversiv angesehen wurde. Angesichts dieser Voreingenommenheit (die er im Nachhinein sogar selbst einräumte) darf man wohl annehmen, dass Korschs lauwarmer Enthusiasmus für ein entschiedenes Vorgehen im Fall Thälmann auch auf die Person des Opfers zurückzuführen war. Dem kommunistischen Widerstand gegen den Nationalsozialismus verpflichtet zu sein, war in der Bundesrepublik der kalten Nachkriegsjahre alles andere als ein populäres Thema. Und dass ausgerechnet die ideologische Galionsfigur der DDR als Märtyrer dieses Widerstands im Mittelpunkt der strafrechtlichen Ermittlungen stand, dürfte seine Bemühungen erheblich gedämpft haben. Hinzu kam die provokante Figur des „SED-Sprachrohrs" Friedrich Karl Kaul, der Korsch und seinen Genossen im Fall Thälmann äußerst kritisch gegenüberstand und sie mit seinen Argumenten immer wieder zur Aussetzung ihrer Verfahrenseinstellungen zwang. Und schließlich war da in den 1960er-Jahren dann noch das öffentlichkeitswirksame Trommelfeuer der DDR-Kritik an der Art und Weise, wie die Bundesrepublik mit ihrer NS-Vergangenheit umging. Deswegen war der Fall Thälmann weit mehr als ein gewöhnliches Strafverfahren und entwickelte sich für die Kölner Justiz mit jedem Schritt zu einem regelrechten Prestigekampf zur Durchsetzung der eigenen Sichtweise.

Damit stellt sich die Frage, welchen Ausgang der Prozess gehabt hätte, wenn er früher zur Verhandlung gekommen wäre. Das wäre zweifellos der Fall gewesen, wenn man Otto an die DDR ausgeliefert hätte. Denn dort hätte man ihn bestimmt für seine funktionelle Beteiligung am Thälmannmord verurteilt: Selbst wenn er zum Zeitpunkt der Ermordung nicht persönlich anwesend gewesen war, ergab sich seine Schuld daran für die ostdeutsche Justiz aus seiner leitenden Funktion und seinen Aufgaben im Lager, insbesondere bei den vom RSHA angeordneten Exekutionen einschließlich der von Thälmann. Aus DDR-Sicht erstreckte sich die strafrechtliche Verantwortung auf alle Beteiligten, vom Lagerkommandanten bis zu den Mitgliedern des Erschießungskommandos. Und Stabsscharführer Otto gehörte mit Sicherheit zu dieser Kette von Teilnehmern. Von einem DDR-Richter hätte er deshalb keine Gnade zu erwarten gehabt, und es besteht eine gute Chance, dass er seine Beteiligung an dem Mord mit dem Leben bezahlt hätte.

Andererseits ist keineswegs sicher, dass er in der Bundesrepublik verurteilt worden wäre, selbst wenn sein Prozess in den 1960er-Jahren stattgefunden hätte. Denn was die Verfolgung und Aburteilung von NS-Verbrechern betraf, hielt die westdeutsche Justiz, angeführt vom Bundesgerichtshof, von der beschriebenen Schuldzuweisung weitgehend Abstand. Eine so weit gefasste Strafbarkeit hätte die Messlatte für die Strafverfolgung nämlich dermaßen niedrig angesetzt, dass sich der Kreis der Beteiligten massiv erweitert hätte. Und das war für die (auch hier selbstverständlich politisch gesteuerte) westdeutsche Justiz nicht hinnehmbar. Der BGH forderte daher die Beschränkung dieser Strafbarkeit auf einen konkreten und individuellen Beitrag des Angeklagten zu der ihm zur Last gelegten Tat. Und genau dies war das Problem beim Thälmann-Mord.

Der einzige Augenzeuge, der Otto mit der Hinrichtung von Thälmann in Verbindung bringen konnte, war der polnische Krematoriumsarbeiter Marian Zgoda. Allerdings war Zgoda bereits 1967 gestorben und die vielen Fragen, die seine Aussagen aufwarfen, führten dazu, dass seine Aussage zwanzig Jahre später von den Richtern nicht mehr ernst genommen wurde. Der ehemalige Buchenwald-Häftling war tatsächlich ein problematischer Zeuge, und selbst wenn der Prozess gegen Otto zu einer Zeit stattgefunden hätte, in der er noch am Leben war, bleibt es zweifelhaft, ob er in der Lage gewesen wäre, die vielen Fragen, die seine Aussagen aufwarfen, in einer für das Gericht zufriedenstellenden Weise zu beantworten. Seine Zuverlässigkeit wurde, wie wir sahen, bereits in den frühen 1950er-Jahren von mehreren Gerichten infrage gestellt. Und obwohl sich diese Zweifel auf andere Strafsachen als den Thälmann-Mord bezogen, gaben seine Aussagen zu diesem Mord ebenfalls Anlass zu ernsthaften Bedenken, die Zgoda vor einem skeptischen Gericht wahrscheinlich nicht hätte ausräumen können.

Der Vorwurf von früheren SS-Leuten, der Staatsanwaltschaft und Ottos Verteidigung, Zgoda sei ein reiner Fantast gewesen, der eine Geschichte über die Umstände und Beteiligten des Mordes an Thälmann erfunden hätte, um alte Rechnungen mit denen zu begleichen, die ihm das Leben schwer gemacht hatten, erscheint andererseits wenig überzeugend. Für diejenigen, die ihn gekannt hatten, war er für so etwas nicht der Typ, und seine Aussagen in anderen Strafverfahren zeigen auch nicht wirklich die dafür erforderliche Gerissenheit. Der Eindruck des Nebenklagevertreters Hannover, dass Zgoda „anscheinend ein intellektuell nicht allzu beweglicher Mann" gewesen war, könnte durchaus zutreffen. Aber es gab einen noch wichtigeren Grund, warum es unwahrscheinlich war, dass Zgoda seine Geschichte erfunden hatte. Denn selbst die Richter, die Otto schließlich freisprachen, wiesen darauf hin, dass Zgoda bereits kurz nach dem Mord mit Mithäftlingen über seine Erlebnisse gesprochen hatte. Dieser Umstand machte es sehr wahrscheinlich, dass Zgoda tatsächlich irgendwie Zeuge des Mordes geworden war. Denn mit der Weitergabe seines Augenzeugenberichts ging Zgoda das erhebliche Risiko ein, dass einer seiner Zuhörer ihn an die SS meldete, mit allen Konsequenzen, die das mit sich bringen würde. Beide Gerichte, die sich in den 1980er-Jahren mit dem Fall Thälmann befassten, zögerten deswegen, Zgodas Geschichte ganz abzuweisen. Aber wegen der vielen unbeantworteten Fragen, die mit dieser Geschichte verbunden blieben, erwies sie sich letztendlich als untauglicher Beweis.

Natürlich ist es denkbar, dass ein früherer Prozess gegen Otto dennoch anders verlaufen wäre. Aber wahrscheinlich ist es nicht. Gewiss, wenn die Stasi und die SED-Führung die Identität von Ottos ehemaligem, in der BRD untergetauchtem SS-Kameraden Erich Gust aufgedeckt hätten, hätte dieser Licht in die Vorgänge bringen können, an denen er angeblich selbst beteiligt gewesen war. Aber es ist schwer zu erkennen, warum Gust anders ausgesagt haben sollte als Ottos kurzzeitige Mitbeschuldigten Berger und Stobbe, die beide ihre Beteiligung bestritten und es aus naheliegenden Gründen vermieden, Otto zu belasten. Und da auch von den weiteren Zeugen (die hauptsächlich Wissen vom Hörensagen hatten) nicht zu erwarten ist, dass sie ein wesentlich klareres Bild des Mordes geliefert hätten, ist es eher wahrscheinlich, dass der Ausgang eines früheren Prozesses nicht viel anders gewesen wäre.

Dass die Krefelder Richter Otto in erster Instanz für schuldig befanden und ihn 1986 verurteilten, war eine unerwartete Sensation.

Aber es war vor allem auch eine Provokation der etablierten westdeutschen Rechtsprechung in NS-Verfahren. Die Herausforderung bestand darin, dass das Gericht bei der Feststellung von Ottos strafrechtlicher Verantwortlichkeit der zuvor beschriebenen „ostdeutschen Methode" der Schuldzuweisung nahekam. Auch die Krefelder Richter leiteten nämlich die Schuld vor allem aus Ottos allgemeiner Funktion und Rolle im Lager ab. Beide machten es unsinnig – „lebensfremd" – anzunehmen, dass Otto nicht an der Hinrichtung Thälmanns beteiligt gewesen wäre. Aufgrund seiner herausragenden Rolle in der Lagerhierarchie und seiner regelmäßigen Beteiligung an der Organisation und Durchführung der Lagerexekutionen war seine Nichteingebundenheit ausgerechnet bei der Ermordung Thälmanns schlichtweg undenkbar. Er war ein unverzichtbares Glied in der Kette der Buchenwald-SS, die den Mordbefehl Hitlers ausgeführt hatte.

Die Krefelder erkannten aber nur zu gut, dass sie mit diesem Vorbringen vor dem BGH keine Gnade finden würden, wenn sie den konkreten Tatbeitrag Ottos nicht nachwiesen. Und daher verflochten sie in ihrer Argumentation das Zeugnis des Standesbeamten Fricke, gegenüber dem Otto angeblich zugegeben hatte, bei der Hinrichtung Thälmanns anwesend gewesen zu sein. Damit glaubten sie, das Konkretisierungsgebot erfüllt zu haben: Durch seine Anwesenheit als Stabsscharführer bei der Hinrichtung von Thälmann habe Otto die anderen Mitglieder des Kommandos bei der Hinrichtung „psychologisch unterstützt."

Der BGH durchschaute aber den „Trick" der Krefelder Richter und war – wie sein Urteil zeigt – deutlich verärgert über deren suggestive Behauptung, jede andere Sichtweise der Rolle Ottos sei unsinnig. Er hob daher die Konstruktion auf, indem er den Schuldnachweis allein aus dem allgemeinen Lagerstatus Ottos für ungültig erklärte. Und wie um seinen Unmut über die List der Krefelder zu unterstreichen, machte der BGH gleichzeitig die Beweisaufnahme über den konkreten Tatbeitrag Ottos so gut wie unmöglich, indem er dem Angeklagten maximalen Raum bot, seine Beteiligung unwiderlegbar zu bestreiten. Otto konnte zur Tatzeit zwar „im Dienst" gewesen sein, aber dennoch betonte der BGH die Möglichkeit, dass er „aus dienstlichen oder privaten Gründen" gerade bei der Tatausführung nicht anwesend gewesen war. Und so zog Otto plötzlich die Geschichte vom Geburtstagsbesuch seiner Frau aus dem Hut. Was jetzt noch übrig blieb, war im Wesentlichen nur eine formell-juristische „Ausfüllübung" für das Düsseldorfer Gericht, das treu dem BGH folgte. Nach Umgehung einiger von Nebenklagevertreter Hannover aufgeworfener Hindernisse sprachen die Düsseldorfer Richter Otto aus Mangel an Beweisen frei.

Erneute Aktualität erlangte dieses juristische Scharmützel erst Jahrzehnte später wieder durch das Urteil des Münchner Gerichts im Strafverfahren gegen John Demjanjuk.[181] Denn gerade in der Frage der Schuldzuweisung wies der Fall Demjanjuk bemerkenswerte Ähnlichkeiten mit dem von Wolfgang Otto auf. Immerhin verurteilte das Münchner Gericht im Mai 2011 Demjanjuk wegen seiner Beteiligung an der Ermordung Zehntausender Juden im Vernichtungslager Sobibor mit einer Argumentation, die eine Variante der auch von den Krefelder Richtern verfolgten Argumentationslinie war: Demjanjuk war wegen seiner funktionellen Anwesenheit im Lager als Mitglied der sogenannten Trawniki-Einheit schuldig. Die Trawnikis, so das Argument, waren die regulären Hilfstruppen des deutschen Lagerpersonals bei der Judenvernichtung in Sobibor gewesen, und da Demjanjuk zu diesen Trawnikis gehört hatte, war er mitschuldig an der Praxis dieser Vernichtung. Es war eine Argumentation, die ähnlich wie im Fall Otto die strafrechtliche Verantwortung zwingend aus der Funktion des Angeklagten im Lager abzuleiten suchte. Während das Krefelder Gericht aber noch den Versuch unternommen hatte, Ottos Tatbeitrag auf der Grundlage von Frickes Aussage zu konkretisieren, standen die Münchner Richter hinsichtlich des individuellen Tatbeitrags von Demjanjuk mit leeren Händen da, weil alle direkten Beweise fehlten. So wurde, wie gesagt, Demjanjuk nur deshalb für schuldig befunden, weil er Teil eines Kollektivs – der „Drohkulisse" der Trawniki – gewesen war, das die Durchführung von Hitlers Vernichtungspolitik im Lager unterstützte und abgesichert hatte. Im Wesentlichen wiederholten die Münchner Richter damit, was ihre Krefelder Kollegen schon gesagt hatten: Es wäre lebensfremd zu glauben, dass es anders gewesen sein könnte.

Da Demjanjuk am 17. März 2012 starb, noch bevor über seine Revision entschieden war, wurde das Urteil nie rechtskräftig. Wir werden auch nie erfahren, wie der BGH über diese Art der Schuldableitung dachte. Und insbesondere nicht, ob der BGH wie beim Fall Otto vielleicht noch auf die Möglichkeit bestanden hätte, dass der Angeklagte zwar „im Dienst" gewesen sein mag, aber doch „aus dienstlichen oder privaten Gründen" nicht an den Verbrechen teilgenommen hatte. Es lässt sich dennoch vermuten, welche Position der BGH eingenommen hätte, wenn Demjanjuk etwas länger am Leben geblieben wäre. Die Argumente dafür finden sich vier Jahre nach Demjanjuks Tod in einem BGH-Urteil gegen Oskar Gröning.[182] Gröning kam als 21-jähriger SS-Mann im September 1942 nach Auschwitz, wo ihm eine Stelle in der „Häftlingsgeldverwaltung" zugewiesen wurde. Während der sogenannten Ungarn-Aktion (bei der zwischen Mai und Juli 1944 Hunderttausende ungarische Juden in Auschwitz ermordet wurden) versah Gröning an einigen Tagen Dienst an der Rampe. Dabei hatte er, so der BGH, „den SS-Angehörigen, die durch die Selektion an der Rampe und die Ausführung der unmittelbaren Tötungshandlungen durch Einwerfen des ‚Zyklon B' in die Gaskammern täterschaftliche Mordtaten verübten", Hilfe geleistet. Und zwar „indem er einerseits durch die Bewachung des Gepäcks dazu beitrug, die Arglosigkeit der Angekommenen aufrechtzuerhalten, und andererseits als Teil der Drohkulisse dabei mitwirkte, jeden Gedanken an Widerstand oder Flucht bereits im Keim zu ersticken." Aber sogar wenn „er keinen Rampendienst versah", war Gröning als Mordgehilfe tätig gewesen: Schon „durch seine allgemeine Dienstausübung in Auschwitz" leistete er „den Führungspersonen in Staat und SS" bei der Durchsetzung ihrer Ausrottungspolitik Hilfe. Das alles hatte der Angeklagte auch gewusst und gewollt, denn es war ihm klar, dass er durch seine Dienstausübung im Zusammenwirken mit anderen die Voraussetzungen dafür schuf, dass die Verantwortlichen in Staat und SS jederzeit eine in Auschwitz zu exekutierende Vernichtungsaktion beschließen und anordnen konnten, weil auf die dortige Umsetzung ihrer verbrecherischen Befehle Verlass war.

Mit diesen Argumenten bestätigte der BGH das Urteil des Lüneburger Landgerichts, das Gröning am 15. Juli 2015 wegen Beihilfe zum Mord in 300.000 Fällen zu vier Jahren Freiheitsstrafe verurteilt hatte.[183] Und obwohl es im Fall Demjanjuk um einen anderen Tatort geht, besteht kaum Zweifel, dass der BGH hier im Wesentlichen zu den gleichen Schlussfolgerungen gekommen wäre.

Für die „Drohkulisse-Konstruktion", die als Grundlage für die Schuldzuweisung im Fall Demjanjuk sowie bei Gröning angewandt wurde, spricht an sich natürlich vieles. Denn die Trawniki in Sobibor und die SS-Wachmannschaften an der Rampe von Auschwitz-Birkenau waren dort ja nicht umsonst. Sie haben die Opfer – zumindest – daran gehindert, ihrer Vernichtung zu entkommen, und dadurch haben sie zur Vernichtung beigetragen und sind deswegen auch mitschuldig. Dies ist ein so einleuchtender Gedanke, dass selbst der nicht juristisch Geschulte daran nicht einen Moment zweifeln würde. Aber gerade diese Offensichtlichkeit wirft die Frage auf, warum man diese klare Konstruktion im Zusammenhang mit der Strafverfolgung von NS-Verbrechen in der Rechtsprechung *vor* dem Urteil gegen Demjanjuk nicht antrifft. In den Tausenden von NS-Urteilen taucht diese Argumentation nämlich nie auf. Und das hat einen klaren Grund: In den Fällen der deutschen Demjanjuks war bloßer Einsatz an den Rampen von Sobibor und Birkenau oder an den Gruben von Babi Yar nie ein Grund für Strafverfolgung durch die BRD-Justiz gewesen. Ohne Nachweis eines darüber hinausgehenden konkreten persönlichen Tatbeitrags an einer bestimmten Mordtat wurde keiner von ihnen jemals vor Gericht gestellt und bestraft. So erklärt sich, warum noch im Mai 1985 die Staatsanwaltschaft Frankfurt am Main das Ermittlungsverfahren gegen

Gröning und andere ehemalige SS-Männer aus der Auschwitzer Häftlingsgeldverwaltung einstellte mangels „eines hinreichenden Tatverdachts". Es war sowieso ein kleines Wunder, dass es zu einem formellen Ermittlungsverfahren gekommen war, weil die Justiz in der Regel die „kleinen Befehlsempfänger" ignorierte, und zwar auch dann, wenn sie sich tatsächlich an Tötungen beteiligt hatten. Das war behördliche Absicht, wie man bereits im Urteil des Landgerichts Bielefeld vom 4. November 1959 nachlesen kann:

> Die Zentralstelle zur Aufklärung von nationalsozialistischen Verbrechen in Ludwigsburg hat auf Anfrage des Schwurgerichts zum Ausdruck gebracht, dass seitens der Strafverfolgungsbehörden nicht beabsichtigt werde, ein Ermittlungsverfahren gegen alle an der Begehung derartiger Verbrechen beteiligten Personen einzuleiten; „kleine Befehlsempfänger", wie z. B. Angehörige der Erschiessungs- oder Absperrkommandos sollten im allgemeinen nicht unter Anklage gestellt werden.[184]

Wie die Bielefelder Richter es in ihrem Urteil knapp zusammenfassten: „Die Gleichheit aller vor dem Gesetz verlangt [...] keine nachträgliche Sühne."

Von dieser Auffassung ist die deutsche Justiz, wie gesagt, inzwischen grundsätzlich abgerückt. Dank „fortschreitender Einsicht" werden jetzt auch alle kleinen Befehlsempfänger, derer man noch habhaft werden kann – mittlerweile ohne Ausnahme mindestens über neunzig Jahre alt –, bei Verhandlungsfähigkeit vor Gericht gestellt und bestraft. Mit seiner Entscheidung im Fall Gröning hat der BGH diesen neuen Ansatz bei der Verfolgung von NS-Verbrechen ausdrücklich bekräftigt. Hätte er seine im Beschluss formulierten Ansichten vom Moment seiner Gründung im Oktober 1950 praktiziert, hätten die Haftstätten Deutschlands wohl kaum ausgereicht, um alle diejenigen unterzubringen, die, wie Gröning, durch ihre „Dienstausübung im Zusammenwirken mit anderen die Voraussetzungen dafür [schufen], dass die Verantwortlichen in Staat und SS jederzeit eine [...] zu exekutierende Vernichtungsaktion beschließen und anordnen konnten, weil auf die [...] Umsetzung ihrer verbrecherischen

Befehle Verlass war." Zu diesen hätte bestimmt auch der Buchenwald-Stabsscharführer und Kommandantur-Spieß Wolfgang Otto gehört. Denn zu den Spitzen der Drohkulisse in den Konzentrationslagern gehörten selbstverständlich diejenigen, die hauptverantwortlich waren für die tägliche Umsetzung der Terror- und Vernichtungspolitik des NS- und SS-Staates: die SS-Führer der Kommandanturen.

Und damit sind wir beim überraschendsten Aspekt der Geschichte der deutsch-deutschen Ahndung von NS-Verbrechen angelangt. Denn gerade die BGH-Entscheidung im Fall Gröning zeigt, wie sehr sich die bundesdeutsche Justiz schließlich am Ende ihrer Bemühungen um Gerechtigkeit doch noch weitgehend der Sichtweise ihres ostdeutschen Gegenübers angeschlossen hat.

Anmerkungen

[1] Ausführlich zu diesem Thema: René Borrnert, *Ernst Thälmann als Leitfigur der kommunistischen Erziehung in der DDR*, Dissertation TU Braunschweig 2002.

[2] Soweit nicht anders angegeben, wird hier dem Lebenslauf, wie in den Gerichtsentscheidungen der Landgerichte Krefeld (Urteil vom 15. Mai 1986, 22 StK 15/85) und Düsseldorf (Urteil vom 29. August 1988, XVII 7/87 S) dargestellt, gefolgt. Die Urteile sind unter Lfd.Nr. 903 veröffentlicht worden in: C.F. Rüter und D.W. de Mildt (Hrsg.), *Justiz und NS-Verbrechen. Sammlung deutscher Strafurteile wegen nationalsozialistischer Tötungsverbrechen*, Bd. XLVII, Amsterdam / München 2011. Für die Online-Version der JuNSV-Sammlung siehe https://www.junsv.nl.

[3] Karl Dietrich Bracher, *Die deutsche Diktatur. Entstehung – Struktur – Folgen des Nationalsozialismus*, Frankfurt am Main/Berlin/Wien 1979, 135-136. Helmut Heiber, *Die Republik von Weimar*, München 1966, 169-171.

[4] Thälmann erhielt 10,2 % der Stimmen, Hitler 36,8 % und Hindenburg 53 %. Siehe Erich Matthias und Rudolf Morsey (Hrsg.), *Das Ende der Parteien 1933. Darstellung und Dokumente*, Düsseldorf 1979, 761-762.

[5] Die Hintergründe und Details von Thälmanns Verhaftung sind Teil der erschöpfend komplizierten – weil äußerst konspirativen – Geschichte der Kommunistischen Partei Deutschlands in jenen Jahren. Für unterschiedliche Versionen der Verhaftung und die beteiligten Personen siehe zum Beispiel: Regina Scheer, „Im Schatten des Denkmals", in: *Berliner Zeitung* 14. August 2004; „Uhr in der Asche", in: *Der Spiegel*, 6. Mai 1964; Ronald Sassning, „Thälmann, Wehner, Kattner, Mielke. Schwierige Wahrheiten", in: *Utopie Kreativ*, Nr. 114, April 2000, 362-375.

[6] Vgl. Börrnert, *Ernst Thälmann*, 68-69 und „Lieber drinnen: KP-Führer Thälmann fühlte sich in Nazi-Haft von seinen Genossen verraten. Stalin und Ulbricht wollten einen Martyrer", in: *Der Spiegel*, 31, 1996.

[7] Kuratorium Gedenkstätte Ernst Thälmann e.V. Hamburg (Hrsg.), *Ernst Thälmann. Zwischen Erinnerung und Erwartung. Autobiographische Aufzeichnungen*, Frankfurt am Main 1977, 56-58.

[8] Im August 1937 wurde Thälmann von der Gestapo aus Angst vor Befreiungsversuchen aus dem Gefängnis in Moabit in das Gefängnis in Hannover verlegt. Im August 1943 kam er nach Bautzen. Peter Przybylski, *Mordsache Thälmann*, Berlin 1986, 91-98.

[9] Przybylski, *Mordsache Thälmann*, 120-122. Siehe auch den Tagebucheintrag von Victor Klemperer vom 19. September 1944. Victor Klemperer, *Die Tagebücher 1933-1945. Kommentierte Gesamtausgabe*, Walter Nowojski (Hrsg.), Berlin 2007 (CD-ROM, Digitale Bibliothek 150).

[10] *JuNSV*, Bd. XLVII, 436. Christiane Müller, *Prozessakte Thälmann-Mord. Ermittlungen und Prozess*, Berlin 1988, 116-118.

[11] Der Appell ist teilweise wiedergegeben bei Börrnert, *Ernst Thälmann*, 52-53.

[12] Für Ottos Lebenslauf siehe *JuNSV*, Bd. XLVII, 408-410 und 461-465.

[13] *US vs Josias Prince zu Waldeck et al.*, Case No. 000-50-9, Trial before General Military Government Court at Dachau, 11. April – 14. August 1947.

[14] Siehe die Anklageschrift, in Übersetzung zitiert in: *JuNSV*, Bd. XLVII, 463.

[15] Ein markantes Beispiel für diese oft übersehene Exklusivität in der amerikanischen Strafverfolgung der Naziverbrechen in Dachau war die Stellung des amerikanischen Anklägers im sogenannten Hadamar-Prozess, der im Oktober 1945 in Dachau begann. Er eröffnete den Prozess mit der Feststellung, dass die Anstalt vor der Ermordung von Polen und Russen in Hadamar im Sommer 1944 eine Pflegeeinrichtung für geistig Behinderte war. Dies war eine groteske Untertreibung angesichts der den Amerikanern damals bereits bekannten Tatsache, dass bis Kriegsende Tausende deutscher Patienten im Rahmen von Hitlers sogenanntem Euthanasieprogramm in Hadamar vergast und vergiftet worden waren. Zu dieser Exklusivität der US-Strafverfolgung siehe Michael Bryant, „Justice and National Socialist Medicalized Killing", in: Dick de Mildt (Hrsg.), *Staatsverbrechen vor Gericht. Festschrift für Christiaan Frederik Rüter zum 65. Geburtstag*, Amsterdam 2003, 11-12, sowie Michael Bryant, *Confronting the 'Good Death'. Nazi Euthanasia on Trial, 1945-1953*, Colorado 2005, 76-80.

[16] Für den Text des Kommissarbefehls siehe das Urteil des LG Düsseldorf vom 5. August 1966, 8 I Ks 1/66 in *JuNSV*, Bd. XXIV, 516-518 (Lfd.Nr. 636).

[17] *JuNSV*, Bd. XLVII, 482. Die hier genannten Warnstedt und Stobbe waren SS-Männer und Leiter bzw. stellvertretender Leiter des Krematoriums in Buchenwald. Müller und Rohde arbeiteten als Häftlinge – Müller als Kapo – im Krematorium.

[18] Ibidem, 464.

[19] Zitiert in: „Das Unschuldslamm", in: *Stern*, 29. Dezember 1983. Siehe auch Müller, *Prozessakte Thälmann-Mord*, 38-39.

[20] *JuNSV*, Bd. XLVII, 422-423.

[21] „Das Unschuldslamm", in: *Stern* 29. Dezember 1983.

[22] Przybylski, *Mordsache Thälmann*, 148-149.

[23] „Sechster Anlauf zur Wahrheitssuche", in: *Süddeutsche Zeitung*, 6. November 1985; „Edel georgelt", in: *Der Spiegel*, 20. Juni 1962.

[24] „Das Unschuldslamm", in: *Stern*, 29. Dezember 1983.

[25] „Edel georgelt", in: *Der Spiegel*, 20. Juni 1962. Nach einer gesetzlichen Bestimmung vom Mai 1951 auf der Grundlage von Artikel 131 des Grundgesetzes hatten ehemalige NS-Beamte Anspruch auf Wiedereingliederung in den öffentlichen Dienst. Siehe: Ingo Müller, *Furchtbare Juristen. Die unbewältigte Vergangenheit unserer Justiz*, München 1987, 206-210.

[26] Der Rektor über Ottos Vorgeschichte: „Das Vorleben war ja seine ganz private Sache." „Späte Suche nach der Wahrheit", in: *Kölner Stadt-Anzeiger*, 6. November 1985.

[27] „Angeklagter sieht Unrecht ein", in: *Göttinger Tageblatt*, 8. November 1985; Lothar Bewerunge, „Was geschah am Abend des 17. August 1944 in Buchenwald?", in: *Frankfurter Allgemeine Zeitung*, 16. November 1985; „Das Unschuldslamm", in: *Stern*, 29. Dezember 1983; „Gericht will Thälmann-Mord klären", in: *Westfälische Rundschau*, 2. November 1985; „Sechster Anlauf zur Wahrheitssuche", in: *Süddeutsche Zeitung*, 6. November 1985.

[28] *JuNSV*, Bd. XLVII, 499; Dietrich Strothmann, „Dornen für den Staatsanwalt", in: *Die Zeit*, 23. Mai 1986.

[29] Gemäß Artikel 3 des „Vertrags zur Regelung aus Krieg und Besatzung entstandener Fragen" (so genannter Überleitungsvertrag, Fassung vom 30. März 1955) war es deutschen Gerichten nicht gestattet, über Fälle zu verhandeln, die bereits von französischen, britischen oder amerikanischen Gerichten „formell erledigt" worden waren. Diese Vertragsbestimmung wurde von der nicht unverständlichen Forderung der Franzosen, Briten und Amerikaner bestimmt, die Gültigkeit ihrer rechtlichen Entscheidungen nicht durch mögliche Neubewertungen durch deutsche Gerichte beeinflussen zu lassen. Siehe Adalbert Rückerl, *NS-Verbrechen vor Gericht. Versuch einer Vergangenheitsbewältigung*, Heidelberg 1984, 138-139.

[30] Koch wurde vom SS-Gericht nach umfangreichen Ermittlungen wegen massiver Korruption zum Tode verurteilt. Siehe zur Rechtsgültigkeit von Urteilen des SS-Gerichts: Dick de Mildt, „Getting away with murder: The Täubner Case", in: Nathan Stoltzfus and Henry Friedlander (eds.), *Nazi Crimes and the Law*, Cambridge 2008, 110 und die Entscheidung des Bundesgerichtshofs vom 24. Mai 1972 (2 ARs 80/72); „Edel georgelt", in: *Der Spiegel*, 20. Juni 1962; Przybylski, *Mordsache Thälmann*, 153-154.

[31] Margot Overath, „Nicht grausam und nicht heimtückisch...", in: *Vorgänge. Zeitschrift für Bürgerrechte und Gesellschaftspolitik*, 15. Januar 1988; Przybylski, *Mordsache Thälmann*, 155-157; Müller, *Prozessakte Thälmann-Mord*, 55-70.

[32] Ibidem, 57.

[33] Für Zirpins und seine Nachkriegskarriere siehe Dieter Schenk, *Auf dem rechten Auge Blind. Die braunen Wurzeln des BKA*, Keulen 2001; Patrick Wagner, „Die Resozialisierung der NS-Kriminalisten", in: Ulrich Herbert (Hrsg.), *Wandlungsprozesse in Westdeutschland. Belastung, Integration, Liberalisierung 1945-1980*, Göttingen 2002, 179-213. Siehe über die Plünderung jüdischen Eigentums durch die Kripo-Lodz: Léon Poliakov und Josef Wulf, *Das Dritte Reich und die Juden. Dokumente und Berichte*, Wiesbaden 1989, 71.

[34] Schenk, *Auf dem rechten Auge Blind*, 197.

[35] Ibidem, 177.

[36] Przybylski, *Mordsache Thälmann*, 156-157; Müller, *Prozessakte Thälmann-Mord*, 69.

[37] Siehe im Einzelnen die oben zitierte Studie von Börrnert: *Ernst Thälmann als Leitfigur der kommunistischen Erziehung in der DDR*, sowie *Gedenkstätten für die Opfer des Nationalsozialismus. Eine Dokumentation*, Bundeszentrale für politische Bildung, Bonn 1995 und 2000, 2 Bde. Weiter die Erinnerungen der deutschen Schriftstellerin Christa Moog an ihre Kindheit als Thälmann-Pionierin: „Wir nannten ihn Teddy", in: *Die Weltwoche*, 5. Februar 1985.

[38] Dietrich Strothmann, „Zum Jagen getragen. Der Thälmann-Prozess: spät, zu spät?", in: *Die Zeit*, 15. November 1985; Börrnert, *Thälmann*, 56-60; Regina Scheer, „Im Schatten des Denkmals", in: *Berliner Zeitung*, 14. August 2004.

[39] Ab 1951 wurden verschiedene Versuche unternommen, um Kaul die Zulassung zum Kammergericht wegen seiner politischen Voreingenommenheit entziehen zu lassen. Sie stießen alle auf die

prinzipientreue Haltung der Berliner Rechtsanwaltskammer, die in solchen Initiativen einen nicht hinnehmbaren Eingriff in die freie Anwaltschaft sah. Vgl. dazu sowie zu seinem Lebenslauf: Annette Rosskopf, *Friedrich Kaul. Anwalt im geteilten Deutschland (1906-1981)*, Berlin 2002.

[40] Ibidem, 86-87 sowie „Einer stand noch", in: *Der Spiegel*, 29. März 1961.

[41] Rosskopf, *Friedrich Kaul*, 156-160.

[42] Dieses Verbot wurde 1967 vom Bundesverfassungsgericht für verfassungswidrig erklärt und aufgehoben. Ibidem, 145-156.

[43] Kaul fungierte als sogenannter Nebenklagevertreter in etwa zwanzig westdeutschen Gerichtsverfahren, darunter der „große" Auschwitz-Prozess 1963-1965, der „Euthanasie"-Prozess gegen Allers und Vorberg (1967/68) und der sogenannte „große" Majdanek-Prozess, der aber erst nach seinem Tod endete. Ibidem, 225.

[44] „Ich würde noch heute alle Kommunisten einsperren", in: *Deutsche Volkszeitung/Die Tat*, 8. November 1985.

[45] Ibidem.

[46] Ibidem. Unmittelbar vor seinem Tod sollte Kaul übrigens noch eine – aussichtslose – Anklage gegen Mittelbach wegen Beteiligung an Thälmanns Tod erstatten. Przybylski, *Mordsache Thälmann*, 206-208.

[47] „Die Verurteilung der Mörder lag mir am Herzen", in: *Recklinghäuser Zeitung*, 20. Dezember 1985; „Himmler und Hitler waren die wahren Täter", in: *Kölner Stadt-Anzeiger*, 20. Dezember 1985; Müller, *Prozessakte Thälmann-Mord*, 268.

[48] Friedrich Karl Kaul, *„... ist zu exekutieren!" Ein Steckbrief der deutschen Klassenjustiz*, Berlin 2006, 159; Müller, *Prozessakte Thälmann-Mord*, 125-128; „Peinlich sondergleichen", in: *Der Spiegel*, 4. September 1983.

[49] Ingrid Müller-Münch, „Die merkwürdigen Hindernisse für einen NS-Prozess", in: *Badische Zeitung*, 5. November 1985; Müller, *Prozessakte Thälmann-Mord*, 44-45, 165-166.

[50] Ibidem, 116-121.

[51] Ibidem, 73-74.

[52] Ibidem, 112, 136, 148, 161-162, 175-176, 182-185; Przybylski, *Mordsache Thälmann*, 161-162.

[53] „Edel georgelt", in: *Der Spiegel*, 20. Juni 1962.

[54] Ingrid Müller-Münch, „Der Mann mit dem ‚robusten SS-Gewissen'", in: *Frankfurter Rundschau*, 16. Mai 1986.

55 „Peinlich sondergleichen" in: *Der Spiegel*, 4.9.1983; Müller, *Prozessakte Thälmann-Mord*, 177-178.

56 Heinrich Hannover, *Die Republik vor Gericht 1975-1995. Erinnerungen eines unbequemen Rechtsanwalts*, Berlin 1999, 257-258; Przybylski, *Mordsache Thälmann*, 195-197; Kaul, „... ist zu exekutieren!", 168-169.

57 Vgl. zum Beispiel die Feststellungen des LG Stuttgart im Urteil vom 18. Februar 1966: *JuNSV*, Bd. XXIII, 225 (Lfd.Nr.622): „Arglos in diesem Sinn ist, wer sich [...] keines Angriffs des Täters auf sein Leben versieht. Gerade die Arglosigkeit des Opfers ist für das Merkmal der Heimtücke wesentlich, während sich die Wehrlosigkeit als die Folge der Arglosigkeit ergibt."

58 Müller, *Prozessakte Thälmann-Mord*, 181.

59 Wolfgang Malanowski, „„Gefällige Musik' beim Genickschuss", in: *Der Spiegel*, 12. Mai 1986.

60 „Ein ungeheuerlicher Vorgang", in: *Mindener Tageblatt*, 20. März 1964; „Kölner Staatsanwaltschaft weist Vorwürfe aus der Zone zurück", in: *Westfälische Nachrichten*, 21. März 1964; „VVN greift Staatsanwälte an", in: *Mannheimer Morgen*, 26. März 1964.

61 *Der Mord, der nie verjährt. Protokoll einer öffentlichen Anhörung über die Behinderung der Strafverfolgung gegen die Mörder Ernst Thälmanns in der Bundesrepublik Deutschland*, Staatsverlag der Deutschen Demokratischen Republik (Hrsg.), Berlin 1980.

62 Auch für die folgenden Zitate: ibidem, 13-16; Kaul, „... ist zu exekutieren!", 171.

63 Ibidem, 159-162; *Der Mord, der nie verjährt*, 18-23.

64 Müller, *Prozessakte Thälmann-Mord*, 74-81, 131-133; Kaul, „... ist zu exekutieren!", 161-162.

65 Ibidem, 162; *Der Mord, der nie verjährt*, 12.

66 Ibidem, 37 und 41-43.

67 Müller, *Prozessakte Thälmann-Mord*, 200-201. Für das Lischka-Verfahren: *JuNSV*, Bd. XLIII, Lfd.Nr. 858.

68 Przybylski, *Mordsache Thälmann*, 208-209.

69 Siehe *JuNSV*, Bd. XXV, Verfahren Lfd.Nr. 645. Robert M. W. Kempner, *Ankläger einer Epoche. Lebenserinnerungen*, Frankfurt am Main/Berlin 1986.

70 Heinrich Hannover, *Die Republik vor Gericht. Erinnerungen eines unbequemen Rechtsanwalts 1954-1995*, Berlin 1998-1999, 2 Bde.

71 Müller, *Prozessakte Thälmann-Mord*, 212-213.

[72] Przybylski, *Mordsache Thälmann*, 212-213.

[73] Ibidem 213-214; Müller, *Prozessakte Thälmann-Mord*, 250-258.

[74] Ingrid Müller-Münch, „Der klägliche Umgang mit der Akte ‚Otto'", in: *Frankfurter Rundschau*, 5. November 1985.

[75] Margot Overath, „Nicht grausam und nicht heimtückisch...", in: *Vorgänge. Zeitschrift für Bürgerrechte und Gesellschaftspolitik*, 15. Januar 1988; Przybylski, *Mordsache Thälmann*, 154-155.

[76] Müller, *Prozessakte Thälmann-Mord*, 52-54 und 165.

[77] Ingrid Müller-Münch, „Der klägliche Umgang mit der Akte ‚Otto'", in: *Frankfurter Rundschau*, 5. November 1985. Für Pfromm und seinen Ruf im Zusammenhang mit der Verfolgung von Naziverbrechen: Hans-Eckhard Niermann, „Generalstaatsanwalt Werner Pfromm und die Arbeit der Zentralstelle Köln", in: *Die Zentralstellen zur Verfolgung nationalsozialistischer Gewaltverbrechen. Versuch einer Bilanz*, Justizministerium des Landes Nordrhein-Westfalen, Juristische Zeitgeschichte, Bd. 9, 73-94.

[78] Wolfgang Weber, „Die Kölner Zentralstelle zur Aufklärung von NS-Verbrechen", in: Anne Klein und Jürgen Wilhelm (Hrsg.), *NS-Unrecht vor Kölner Gerichten nach 1945*, Köln 2003, 58. Weber, (der vierte) Nachfolger Gierlichs, lobt seine „erstaunliche Unbefangenheit" angesichts seiner – mehr als nominellen – Parteimitgliedschaft.

[79] Falco Werkentin, *Politische Strafjustiz in der Ära Ulbricht*, Berlin 1995, 216. Ausgenommen von dem Anspruch auf Artikel 131 GG waren Entnazifizierte, die von den Spruchkammern als „Hauptschuldiger" – Kategorie I – oder „Belasteter" – Kategorie II – eingestuft wurden. Laut Jörg Friedrich waren 1951 beide Klassifikationen „so gut wie inexistent". 1938 waren mehr als die Hälfte der deutschen Richter Parteimitglieder; 1945 lag der Prozentsatz bei über 90 %. Im Jahr 1949 gehörten über 80 % der Richter und Staatsanwälte in Bayern zur Gemeinschaft der Ex-Nazis. Siehe Klaus-Detlev Godau-Schüttke, „Die Justiz und das Entstehen des Dritten Reiches", in: *Zwischen Recht und Unrecht. Lebensläufe deutscher Juristen*, Justizministerium des Landes Nordrhein-Westfalen (Hrsg.), 2004, 26; Jörg Friedrich, *Die kalte Amnestie. NS-Täter in der Bundesrepublik*, München 1994, 282-291; Ingo Müller, *Furchtbare Juristen. Die unbewältigte Vergangenheit unserer Justiz*, München 1987, 204-221.

[80] Müller, *Furchtbare Juristen*, 210-221. *Trials of War Criminals before the Nuernberg Military Tribunals*, Volume III, „The Justice Case".

[81] So die Darstellung der Aussage Schlegelbergers durch das LG Frankfurt in seinem Urteil gegen den „T4-Arzt" Kurt Borm 1972. *JuNSV*, Bd. XXXVII, 266-267 (Verfahren Lfd.Nr. 774).

[82] „Jüdische und nichtjüdische Opfer der Zuchthäuser und Konzentrationslager wurden dagegen nur minimal bedacht. Für einen Monat KZ oder Zuchthaus erhielt man 150 DM. Wer also die ganzen zwölf Jahre in Oranienburg, Dachau oder Auschwitz [sic!] verbracht hat, erhielt etwa 20.000 DM." Ossip K. Flechtheim, „Blick zurück im Zorn. Westdeutschland 1945 bis 1960", in: Axel Eggebrecht (Hrsg.), *Die zornigen alten Männer. Gedanken über Deutschland seit 1945*, Reinbek bei Hamburg 1979, 40.

[83] In Bezug auf das Folgende im Einzelnen ausführlich: Manfred Görtemaker und Christoph Safferling, *Die Akte Rosenburg. Das Bundesministerium der Justiz und die NS-Zeit*, München 2016. Siehe auch Manfred Görtemaker und Christoph Safferling (Hrsg.), *Die Rosenburg. Das Bundesministerium der Justiz und die NS-Vergangenheit – eine Bestandsaufnahme*, Bonn 2013, Sonderausgabe für die Bundeszentrale für politische Bildung.

[84] Ullrich Herbert, *Best. Biographische Studien über Radikalismus, Weltanschauung und Vernunft 1903-1989*, Bonn 2001, 445, 448. Ernst Klee, *Das Personenlexikon zum Dritten Reich. Wer war was vor und nach 1945*, Frankfurt am Main 2003, 298.

[85] Siehe die Protokolle beider Sitzungen (Nürnberger Dokument NG-2586), wiedergegeben in: Léon Poliakov und Joseph Wulf (Hrsg.), *Das Dritte Reich und die Juden. Dokumente und Berichte*, Wiesbaden 1989, Nachdruck der Ausgabe von 1955, 385-390.

[86] Michael Greve, *Der justitielle und rechtspolitische Umgang mit den NS-Gewaltverbrechen in den sechziger Jahren*, Frankfurt am Main 2001, 360-361; Müller, *Furchtbare Juristen*, 214.

[87] So der für die strafrechtliche Untersuchung des RSHA-Komplexes zuständige Vertreter der Berliner Staatsanwaltschaft. Adalbert Rückerl, *NS-Verbrechen vor Gericht. Versuch einer Vergangenheitsbewältigung*, Heidelberg 1984, 138.

[88] Friedrich, *Die kalte Amnestie*, 435; Greve, *Der justitielle und rechtspolitische Umgang mit den NS-Gewaltverbrechen*, 367.

[89] *JuNSV*, Bd. XXVII, 416 (Lfd.Nr. 667).

[90] Die Frage, ob Drehers gesetzgeberisches Manöver ein bewusst unternommener Versuch war, die laufende Strafverfolgung der

Naziverbrechen zu untergraben, wurde nie eindeutig geklärt. Vgl. z. B. Greve, *Der justitielle und rechtspolitische Umgang mit den NS-Gewaltverbrechen*, 358-381; Müller, *Furchtbare Juristen*, 246-248; Herbert, *Best*, 508-510; Hubert Rottleuthner, „Hat Dreher gedreht?", in: *Rechtshistorisches Journal*, Bd. 20, 2001, 665-679; Kerstin Freudiger, *Die juristische Aufarbeitung von NS-Verbrechen*, Tübingen 2002, 144-151.

[91] Müller, *Furchtbare Juristen*, 215-221 und 237-240; Werkentin, *Politische Strafjustiz*, 216.

[92] Nationalrat der Nationalen Front des Demokratischen Deutschland. Dokumentationszentrum der Staatlichen Archivverwaltung der DDR (Hrsg.), *Braunbuch. Kriegs- und Naziverbrecher in der Bundesrepublik und in Westberlin*, Staatsverlag der Deutschen Demokratischen Republik, Berlin 1968, 9-10.

[93] „Kläger fordern Bestrafung des Thälmann-Mörders", in: *Neues Deutschland*, 5. November 1985.

[94] Siehe u. a. die Prozessberichte in der *Augsburger Allgemeinen Zeitung*, der *Westdeutschen Zeitung* und der *Stuttgarter Zeitung* vom 6. November 1985 sowie in der *Welt* vom 13. November 1985.

[95] „Beim Thälmann-Prozess Medienrummel wie noch nie", in: *Westdeutsche Zeitung*, 6. November 1985.

[96] „Der Angeklagte will sich an nichts erinnern", in: *Tagesanzeiger* (Zürich), 9. November 1985.

[97] Hannover, *Der Mord*, 14 und 17; „Die Anklage im Thälmann-Prozess verlesen", in: *Kölnische Rundschau*, 6. November 1985; „Zum Jagen getragen", in: *Die Zeit*, 15. November 1985.

[98] „Sind die Mörder Ernst Thälmanns noch zu ermitteln?", in: *Frankfurter Allgemeine Zeitung*, 31. Oktober 1985.

[99] *JuNSV*, Bd. XLVII, 473.

[100] Ibidem, 417 und 473; Müller, *Prozess-Akte Thälmann-Mord*, 270.

[101] *JuNSV*, Bd. XLVII, 491; „Zum Tode Thälmanns nur vage Aussagen", in: *Kölner Stadt-Anzeiger*, 19. Januar 1986.

[102] Ibidem.

[103] Die *Thüringische Landeszeitung* wurde erst im September 1945 mit Zustimmung der sowjetischen Behörden gegründet.

[104] *JuNSV*, Bd. XLVII, 492.

[105] „Nachhilfe in Zeitgeschichte", in: *Kölner Stadt-Anzeiger*, 15. November 1985.

[106] Ibidem.

107 *JuNSV*, Bd. XLVII, 448. Die Passage stammt aus dem Buch *Buchenwald, Mahnung und Verpflichtung*, Kongressverlag, Berlin 1960. Am 21. April 1947 hatte Spisar bereits vor dem amerikanischen Militärtribunal in Dachau eine ähnliche Erklärung abgegeben, die am nächsten Tag sowohl in der *Frankfurter Rundschau* als auch in der von den Amerikanern herausgegebenen *Neuen Zeitung* veröffentlicht worden war. Przybylski, *Mordsache Thälmann*, 136-136 und 236; „Das Unschuldslamm", in: *Stern*, 29. Dezember 1983.

108 *JuNSV* Bd. XLVII, 448.

109 Ibidem, 478-479.

110 Ibidem.

111 US vs Josef Mueller, Case No. 000-Buchenwald-5, *Review and Recommendations*, 27. Februar 1948, 2-5.

112 *JuNSV*, Bd. XLVII, 479-480.

113 Ibidem, 430. „Erste Zeugen im Prozess gegen Thälmann-Mörder vernommen", in: *Neues Deutschland*, 9. November 1985.

114 *JuNSV*, Bd. XLVII, 486-487. Przybylski, *Mordsache Thälmann*, 171-172.

115 *JuNSV*, Bd. XLVII, 485.

116 „Angeklagter weist Mordvorwurf zurück", in: *Stuttgarter Zeitung*, 6. November 1985.

117 Ibidem. „Noch nicht einmal eine genaue Lagerskizze liegt vor", in: *Rheinische Post*, 8. November 1985. Vgl. auch Hannover, *Der Mord*, 39-40.

118 „Otto über Belastungszeugen ‚verwundert'", in: *Der Neue Tag*, 8. November 1985; „Ein grosses Unrecht", in: *Badische Zeitung*, 8. November 1985; „Quälender Dialog mit dem Angeklagten", in: *Schwäbische Donauzeitung*, 8. November 1985; „Zum Jagen getragen", in: *Die Zeit*, 15. November 1985; „Nachhilfe in Zeitgeschichte", in: *Kölner Stadt-Anzeiger*, 15. November 1985.

119 *JuNSV*, Bd. XLVII, 506.

120 Ibidem, 419; „Nachhilfe in Zeitgeschichte", in: *Kölner Stadt-Anzeiger*, 15. November 1985.

121 *JuNSV*, Bd. XLVII, 468, 471.

122 Ibidem, 498-499.

123 Ibidem, 499.

124 Ibidem, 513-514.

125 „Richter Paul registriert Attacken gelassen", in: *Kölner Stadt-Anzeiger*, 29. November 1985; „Überraschungszeuge im Thälmann-Prozess", in:

Aachener Volkszeitung, 29. November 1985; „Neuer Zeuge erschüttert erneut die Nazi-Version", in: *General-Anzeiger*, 29. November 1985.

[126] *JuNSV*, Bd. XLVII, 423.

[127] Ibidem, 427.

[128] Przybylski, *Mordsache Thälmann*, 169.

[129] „Himmler und Hitler waren die wahren Täter", in: *Kölner Stadt-Anzeiger*, 20. Dezember 1985.

[130] *JuNSV*, Bd. XLVII, 437, 440.

[131] Ibidem, 513; „Himmler und Hitler waren die wahren Täter", in: *Kölner Stadt-Anzeiger*, 20. Dezember 1985; „Die Verurteilung der Mörder lag mir am Herzen", in: *Recklinghäuser Zeitung*, 20. Dezember 1985.

[132] „Himmler und Hitler waren die wahren Täter", in: *Kölner Stadt-Anzeiger*, 20. Dezember 1985. Richtig: CARE-Pakete („Cooperative for American Remittances to Europe" – Nahrungsmittelpakete).

[133] „Kommunistischer Widerstand ist kein Widerstand", in: *Die Weltwoche*, 5. Dezember 1985.

[134] „Angeklagter atmet auf", in: *Nordbayerischer Kurier*, 9. November 1985. Millers Brief soll eine Abschrift gewesen sein von seinem Bericht an den amerikanischen Kongress. Vgl. das Protokoll zum Verhör Berger, wiedergegeben in Müller, *Prozessakte Thälmann-Mord*, 101-102. Für die Aussage Millers im Eichler-Verfahren siehe *JuNSV*, Bd. IX, 777 (Lfd.Nr. 322).

[135] Ibidem, 775.

[136] Blockführer Helmut Roscher wurde zunächst im gleichen Dachau-Prozess wie Otto zum Tode verurteilt. In der Revision wurde sein Urteil in lebenslange Haft umgewandelt: 000-50-9 US vs. Josias Prince zu Waldeck et al. Kapo Paul Müller wurde im Dachauer Verfahren 000-Buchenwald-26 (US vs. Paul Mueller) zu 15 Jahren verurteilt. Vgl. über beide Zeugen, sowie über die NS-Vergangenheit der Stuttgarter Richter, die Ausführungen von Heinrich Hannover in seinem Plädoyer vor dem LG Düsseldorf im Verfahren gegen Otto: Hannover, *Der Mord*, 96-97.

[137] Genauso hatte Zgoda damals in Dachau behauptet, Werner Berger identifiziert zu haben; eine Identifizierung, die Berger eine lebenslange Haftstrafe einbrachte. US vs. Werner Alfred Berger, Case No. 000-Buchenwald-50, *Review and Recommendations*, 20. 2. 1948, 8-9.

[138] *JuNSV*, Bd. X, Lfd.Nr. 358.

[139] Ibidem, 762.

[140] Siehe das Schreiben des Vorsitzenden des Landgerichts Stade, Rüdiger Dankert, an die Staatsanwaltschaft Köln vom 23. Juli 1962, abgedruckt in Müller, *Prozessakte Thälmann-Mord*, 48-49.

[141] *JuNSV*, Bd. XXXVI, 675 (Lfd.Nr.766).

[142] Ibidem, 613.

[143] „Der Ortstermin brachte Aufschluss", in: *Aachener Volkszeitung*, 11. Dezember 1985; „Gericht besichtigt Tatort in der DDR", in: *Der Neue Tag*, 10. Dezember 1985; „Zum Ortstermin fährt das Gericht ins KZ Buchenwald", in: *Main-Post*, 10. Dezember 1985; „Auf den Spuren des Marian Zgoda", in: *Westdeutsche Allgemeine*, 11. Dezember 1985.

[144] *JuNSV*, Bd. XLVII, 497-498.

[145] Ibidem, 433; „Entlastung für SS-Mann", in: *Frankfurter Rundschau*, 18. März 1986.

[146] „Mordbeteiligung nicht beweisbar", in: *Hannoversche Allgemeine*, 22. April 1986; Müller, *Prozessakte Thälmann-Mord*, 274-276.

[147] Hannover, *Der Mord*, 18-19.

[148] Ibidem, 7, 21-22, 41.

[149] Zu Steinackers Plädoyer einschließlich der hier verwendeten Zitate (Zeitungsartikel alle vom 30. April 1986) siehe: „Nur der Mord ist erwiesen", in: *Hannoversche Allgemeine*; „Auch Verteidiger fordert Freispruch für Otto", in: *Düsseldorfer Nachrichten*; „Zuschauer empört über Verteidiger", in: *Kölner Stadt-Anzeiger*; „Verteidiger fordert Freispruch für Otto", in: *Rheinische Post*; „Bleibt Ernst Thälmanns Tod weiterhin im Dunkeln?", in: *Mittelbayerische Zeitung*; „Niemand weiss, wer es war", in: *General-Anzeiger*; „SS-Mann war meistens nur Protokollführer", in: *Frankfurter Rundschau*. Ferner: Müller, *Prozessakte Thälmann-Mord*, 280-284.

[150] Lothar Bewerunge, „Ernst Thälmanns Mörder sind nicht mehr zu finden", in: *Frankfurter Allgemeine Zeitung*, 24. April 1986; „Versäumt", in: *Die Zeit*, 25. April 1986; Anne-Katrin Einfeldt, „Ernst Thälmanns Tod für immer im Dunkeln", in: *Neue Ruhr-Zeitung*, 23. April 1986.

[151] *JuNSV*, Bd. XLVII, Lfd.Nr. 903b: Urteil des LG Krefeld vom 15. Mai 1986.

[152] Ibidem, 518-519.

[153] Ibidem, 521.

[154] „Richter: Otto half bei Ermordung Thälmanns", in: *Westdeutsche Allgemeine Zeitung*, 16. Mai 1986; „Lüge entlarvt", in: *Schwäbische*

Zeitung, 16. Mai 1986; „Die späte Sühne", in: *Kölner Stadt-Anzeiger*, 22. Mai 1986.

[155] Die Distanz des Gerichts betraf vor allem Hannovers Einstufung von Otto als Täter und nicht als Gehilfe und die Tatsache, dass das Gericht Ottos verwaltungsmäßige Mitarbeit an sich für eine Verurteilung noch nicht für ausreichend hielt und seine physische Anwesenheit und Rolle bei der Mordtat selbst damit in Verbindung brachte. Hannover, *Die Republik*, II, 271; idem, *Der Mord*, 59.

[156] „Dunkles Kapitel", in: *Neue Osnabrücker Zeitung*, 16. Mai 1986; „Im Zweifel Strafe", in: *Die Welt*, 17. Mai 1986.

[157] „Die Aufgaben des Bundesgerichtshofs", in: *Bundesgerichtshof.de*, URL: https://www.bundesgerichtshof.de/DE/DasGericht/Aufgaben/aufgaben _node.html (abgerufen am 24.02.2023).

[158] Hannover, *Der Mord*, 71. Für das BGH-Urteil sowie die folgenden Zitate, siehe *JuNSV*, Bd. XLVII, Lfd.Nr. 903c.

[159] Hannover, *Der Mord*, 65; idem, *Die Republik*, II, 272.

[160] Hannover, *Der Mord*, 62.

[161] Ibidem, 36.

[162] Ibidem, 69 und 73-74.

[163] Für das Urteil des LG Düsseldorf vom 29.8.1988 sowie die folgenden Zitate siehe *JuNSV*, Bd. XLVII, Lfd.Nr. 903a.

[164] Hannover, *Der Mord*, 88.

[165] *JuNSV*, Bd. XLVII, 433. Zgoda erzählte seiner Freundin die Geschichte so häufig, dass sie gesagt haben soll: „Marian, hör auf, ich kann das nicht mehr hören." Hannover, *Der Mord*, 99.

[166] *JuNSV*, Bd. XLVII, 434.

[167] Hannover, *Der Mord*, 97.

[168] *JuNSV*, Bd. XLVII, 434-435.

[169] Fuchs hatte bei diesem Treffen seine Erlebnisse beschrieben, aber nicht das genaue Datum genannt. Hannover, *Der Mord*, 19.

[170] *JuNSV*, Bd. XLVII, 451.

[171] Ibidem, 459.

[172] „Thälmann-Prozess ist abgeschlossen", in: *Augsburger Allgemeine*, 10. Juni 1989; „Nachruf Wolfgang Otto", in: *Der Spiegel*, 4. Dezember 1989.

[173] „Ohne Sühne", in: *Die Zeit*, 2. September 1989; „Urteil ermuntert Nazis", in: *Flensburger Tagblatt*, 13. Juni 1989.

[174] Hannover, *Der Mord*, 125.

[175] Falls nicht anders angegeben, siehe (einschließlich der Zitate): Falco Werkentin, *Politische Strafjustiz in der Ära Ulbricht*, Forschungen zur DDR-Geschichte, Bd. 1, Berlin, Ch. Links Verlag, 1995, 218-234; Armin Fuhrer, „Ernst Thälmann und der Gastwirt vom ‚Heimathof'", in: *Welt Online*, 10. November 1996.

[176] Siehe hierzu auch: Ursula Solf, „Die Ermittlungstätigkeit des Ministeriums für Staatssicherheit in NS-Verfahren", in: Dick de Mildt (Hrsg.), *Staatsverbrechen vor Gericht. Festschrift für Christiaan Frederik Rüter zum 65. Geburtstag*, Amsterdam, Amsterdam University Press, 2003, 183-184.

[177] Siehe auch: Hannover, *Die Republik*, Bd. II, 278.

[178] Werner H. Krause, „DDR-Nostalgie: Zu Besuch bei der Tochter des KP Vorsitzenden Ernst Thälmann. Es fängt wieder alles von vorne an", in: *Junge Freiheit*, 10. März 2000; „Berlin: Irma Gabel-Thälmann: Geb. 1919", in: *Der Tagesspiegel*, 21. Dezember 2000.

[179] Wolfgang Weber, „Die Kölner Zentralstelle zur Aufklärung von NS-Verbrechen", in: Anne Klein und Jürgen Wilhelm (Hrsg.), *NS-Unrecht vor Kölner Gerichten nach 1945*, Köln, Greven Verlag, 2003, 57-71.

[180] „Die Kammer vermag nicht nachzuvollziehen, warum seinerzeit eine Anklageerhebung unterblieb." Beschluss des Landgerichts Kleve, 7. Juni 1984, zitiert in Müller, *Prozessakte Thälmann*, 254.

[181] *JuNSV*, Bd. XLIX, Lfd.Nr. 924.

[182] Urteil des BGH vom 20. September 2016, 3 StR 49/16, in: *JuNSV*, Bd. L, Lfd.Nr. 927.

[183] Urteil des LG Lüneburg vom 15. Juli 2015, 27 Kg 1191 Js 98402/13 (9/14), in: *JuNSV*, Bd. L, Lfd.Nr. 927.

[184] *JuNSV*, Bd. XVI, 164 (Lfd.Nr. 485). Vgl. in diesem Zusammenhang auch im Urteil des LG Hamburg vom 17. Mai 1976, *JuNSV*, Bd. XLI, 43 (Lfd.Nr. 832): „Gegen die letzten Glieder der Kette innerhalb der Mordmaschinerie, z. B. die Todesschützen, die – auf Grund welcher Umstände immer – ihre Taten selbst, vorsätzlich und eigenhändig begehen, wird im Normalfalle gar nicht Anklage erhoben [...]."

Literaturverzeichnis

Borrnert, René, *Ernst Thälmann als Leitfigur der kommunistischen Erziehung in der DDR*, Dissertation TU Braunschweig 2002.

Bracher, Karl Dietrich, *Die deutsche Diktatur. Entstehung – Struktur – Folgen des Nationalsozialismus*, Frankfurt am Main/Berlin/Wien1979.

Bryant, Michael, *Confronting the 'Good Death'. Nazi Euthanasia on Trial, 1945-1953*, Colorado 2005.

Der Mord, der nie verjährt. Protokoll einer öffentlichen Anhörung über die Behinderung der Strafverfolgung gegen die Mörder Ernst Thälmanns in der Bundesrepublik Deutschland, Staatsverlag der Deutschen Demokratischen Republik (Hrsg.), Berlin 1980.

Die Zentralstellen zur Verfolgung nationalsozialistischer Gewaltverbrechen. Versuch einer Bilanz, Justizministerium des Landes Nordrhein-Westfalen, Juristische Zeitgeschichte, Bd. 9.

Eggebrecht, Axel (Hrsg.), *Die zornigen alten Männer. Gedanken über Deutschland seit 1945*, Reinbek bei Hamburg 1979

Freudiger, Kerstin, *Die juristische Aufarbeitung von NS-Verbrechen*, Tübingen 2002.

Friedrich, Jörg, *Die kalte Amnestie. NS-Täter in der Bundesrepublik*, München 1994

Gedenkstätten für die Opfer des Nationalsozialismus. Eine Dokumentation, Bundeszentrale für politische Bildung, Bonn 1995 und 2000, 2 Bde.

Görtemaker, Manfred und Christoph Safferling, *Die Akte Rosenburg. Das Bundesministerium der Justiz und die NS-Zeit*, München 2016.

Greve, Michael, *Der justitielle und rechtspolitische Umgang mit den NS-Gewaltverbrechen in den sechziger Jahren*, Frankfurt am Main 2001.

Hannover, Heinrich, *Die Republik vor Gericht. Erinnerungen eines unbequemen Rechtsanwalts 1954-1995*, Berlin 1998-1999, 2 Bde.

Hannover, Heinrich, *Der Mord an Ernst Thälmann. Eine Anklage*, Köln 1989.

Heiber, Helmut, *Die Republik von Weimar*, München 1966.

Herbert, Ullrich, *Best. Biographische Studien über Radikalismus, Weltanschauung und Vernunft 1903-1989*, Bonn 2001.

Herbert, Ulrich, (Hrsg.), *Wandlungsprozesse in Westdeutschland. Belastung, Integration, Liberalisierung 1945-1980*, Göttingen 2002.

Kaul, Friedrich Karl, „*... ist zu exekutieren!" Ein Steckbrief der deutschen Klassenjustiz*, Berlin 2006.

Kempner, Robert M. W., *Ankläger einer Epoche. Lebenserinnerungen*, Frankfurt am Main/Berlin 1986.

Klee, Ernst, *Das Personenlexikon zum Dritten Reich. Wer war was vor und nach 1945*, Frankfurt am Main 2003.

Klein, Anne und Jürgen Wilhelm (Hrsg.), *NS-Unrecht vor Kölner Gerichten nach 1945*, Köln 2003.

Klemperer, Victor, *Die Tagebücher 1933-1945. Kommentierte Gesamtausgabe*, Walter Nowojski (Hrsg.), Berlin 2007 (CD-ROM, Digitale Bibliothek 150).

Kuratorium Gedenkstätte Ernst Thälmann e.V. Hamburg (Hrsg.), *Ernst Thälmann. Zwischen Erinnerung und Erwartung. Autobiographische Aufzeichnungen*, Frankfurt am Main 1977.

Matthias, Erich, und Rudolf Morsey (Hrsg.), *Das Ende der Parteien 1933. Darstellung und Dokumente*, Düsseldorf 1979.

Mildt, Dick de (Hrsg.), *Staatsverbrechen vor Gericht. Festschrift für Christiaan Frederik Rüter zum 65. Geburtstag*, Amsterdam 2003.

Müller, Christiane, *Prozessakte Thälmann-Mord. Ermittlungen und Prozess*, Berlin 1988.

Müller, Ingo, *Furchtbare Juristen. Die unbewältigte Vergangenheit unserer Justiz*, München 1987.

Nationalrat der Nationalen Front des Demokratischen Deutschland. Dokumentationszentrum der Staatlichen Archivverwaltung der DDR (Hrsg.), *Braunbuch. Kriegs- und Naziverbrecher in der Bundesrepublik und in Westberlin*, Staatsverlag der Deutschen Demokratischen Republik, Berlin 1968.

Poliakov, Léon und Josef Wulf, *Das Dritte Reich und die Juden. Dokumente und Berichte*, Wiesbaden 1989.

Przybylski, Peter, *Mordsache Thälmann*, Berlin 1986.

Rosskopf, Annette, *Friedrich Kaul. Anwalt im geteilten Deutschland (1906-1981)*, Berlin 2002.

Rottleuthner, Hubert, „Hat Dreher gedreht?", in: *Rechtshistorisches Journal*, Bd. 20, 2001.

Rückerl, Adalbert, *NS-Verbrechen vor Gericht. Versuch einer Vergangenheitsbewältigung*, Heidelberg 1984.

Rüter, C.F. und D.W. de Mildt (Hrsg.), *Justiz und NS-Verbrechen. Sammlung deutscher Strafurteile wegen nationalsozialistischer Tötungsverbrechen*, 49 Bde, Amsterdam / München 1968-2012.

Schenk, Dieter, *Auf dem rechten Auge Blind. Die braunen Wurzeln des BKA*, Keulen 2001

Stoltzfus, Nathan and Henry Friedlander (eds.), *Nazi Crimes and the Law*, Cambridge 2008.

Werkentin, Falco, *Politische Strafjustiz in der Ära Ulbricht*, Berlin 1995.

Zwischen Recht und Unrecht. Lebensläufe deutscher Juristen, Justizministerium des Landes Nordrhein-Westfalen (Hrsg.), 2004.

Artikel aus Zeitungen und Magazinen

„Einer stand noch", in: *Der Spiegel*, 29. März 1961.

„Edel georgelt", in: *Der Spiegel*, 20. Juni 1962.

„Ein ungeheuerlicher Vorgang", in: *Mindener Tageblatt*, 20. März 1964.

„Kölner Staatsanwaltschaft weist Vorwürfe aus der Zone zurück", in: *Westfälische Nachrichten*, 21. März 1964.

„VVN greift Staatsanwälte an", in: *Mannheimer Morgen*, 26. März 1964.

„Uhr in der Asche", in: *Der Spiegel*, 6. Mai 1964.

„Peinlich sondergleichen", in: *Der Spiegel*, 4. September 1983.

„Das Unschuldslamm", in: *Stern*, 29. Dezember 1983.

Christa Moog, „Wir nannten ihn Teddy", in: *Die Weltwoche*, 5. Februar 1985.

„Sind die Mörder Ernst Thälmanns noch zu ermitteln?", in: *Frankfurter Allgemeine Zeitung*, 31. Oktober 1985.

„Gericht will Thälmann-Mord klären", in: *Westfälische Rundschau*, 2. November 1985.

„Kläger fordern Bestrafung des Thälmann-Mörders", in: *Neues Deutschland*, 5. November 1985.

Ingrid Müller-Münch, „Die merkwürdigen Hindernisse für einen NS-Prozess", in: *Badische Zeitung*, 5. November 1985.

Ingrid Müller-Münch, „Der klägliche Umgang mit der Akte ‚Otto'", in: *Frankfurter Rundschau*, 5. November 1985.

„Beim Thälmann-Prozess Medienrummel wie noch nie", in: *Westdeutsche Zeitung*, 6. November 1985.

„Die Anklage im Thälmann-Prozess verlesen", in: *Kölnische Rundschau*, 6. November 1985.

„Sechster Anlauf zur Wahrheitssuche", in: *Süddeutsche Zeitung*, 6. November 1985.

„Späte Suche nach der Wahrheit", in: *Kölner Stadt-Anzeiger*, 6. November 1985.

„Angeklagter weist Mordvorwurf zurück", in: *Stuttgarter Zeitung*, 6. November 1985.

„Angeklagter sieht Unrecht ein", in: *Göttinger Tageblatt*, 8. November 1985.

„Ich würde noch heute alle Kommunisten einsperren", in: *Deutsche Volkszeitung/Die Tat*, 8. November 1985.

„Noch nicht einmal eine genaue Lagerskizze liegt vor", in: *Rheinische Post*, 8. November 1985.

„Otto über Belastungszeugen ‚verwundert'", in: *Der Neue Tag*, 8. November 1985.

„Ein grosses Unrecht", in: *Badische Zeitung*, 8. November 1985.

„Quälender Dialog mit dem Angeklagten", in: *Schwäbische Donauzeitung*, 8. November 1985.

„Erste Zeugen im Prozess gegen Thälmann-Mörder vernommen", in: *Neues Deutschland*, 9. November 1985.

„Der Angeklagte will sich an nichts erinnern", in: *Tagesanzeiger* (Zürich), 9. November 1985.

„Angeklagter atmet auf", in: *Nordbayerischer Kurier*, 9. November 1985.

Dietrich Strothmann, „Zum Jagen getragen. Der Thälmann-Prozess: spät, zu spät?", in: *Die Zeit*, 15. November 1985.

„Nachhilfe in Zeitgeschichte", in: *Kölner Stadt-Anzeiger*, 15. November 1985.

Lothar Bewerunge, „Was geschah am Abend des 17. August 1944 in Buchenwald?", in: *Frankfurter Allgemeine Zeitung*, 16. November 1985.

„Überraschungszeuge im Thälmann-Prozess", in: *Aachener Volkszeitung*, 29. November 1985.

„Neuer Zeuge erschüttert erneut die Nazi-Version", in: *General-Anzeiger*, 29. November 1985.

„Richter Paul registriert Attacken gelassen", in: *Kölner Stadt-Anzeiger*, 29. November 1985.

„Kommunistischer Widerstand ist kein Widerstand", in: *Die Weltwoche*, 5. Dezember 1985.

„Gericht besichtigt Tatort in der DDR", in: *Der Neue Tag*, 10. Dezember 1985.

„Zum Ortstermin fährt das Gericht ins KZ Buchenwald", in: *Main-Post*, 10. Dezember 1985.

„Der Ortstermin brachte Aufschluss", in: *Aachener Volkszeitung*, 11. Dezember 1985.

„Auf den Spuren des Marian Zgoda", in: *Westdeutsche Allgemeine*, 11. Dezember 1985.

„Die Verurteilung der Mörder lag mir am Herzen", in: *Recklinghäuser Zeitung*, 20. Dezember 1985.

„Himmler und Hitler waren die wahren Täter", in: *Kölner Stadt-Anzeiger*, 20. Dezember 1985.

„Zum Tode Thälmanns nur vage Aussagen", in: *Kölner Stadt-Anzeiger*, 19. Januar 1986.

„Entlastung für SS-Mann", in: *Frankfurter Rundschau*, 18. März 1986.

„Mordbeteiligung nicht beweisbar", in: *Hannoversche Allgemeine*, 22. April 1986.

Anne-Katrin Einfeldt, „Ernst Thälmanns Tod für immer im Dunkeln", in: *Neue Ruhr-Zeitung*, 23. April 1986.

Lothar Bewerunge, „Ernst Thälmanns Mörder sind nicht mehr zu finden", in: *Frankfurter Allgemeine Zeitung*, 24. April 1986.

„Versäumt", in: *Die Zeit*, 25. April 1986.

„Nur der Mord ist erwiesen", in: *Hannoversche Allgemeine*, 30 April 1986.

„Verteidiger fordert Freispruch für Otto", in: *Rheinische Post*, 30 April 1986.

„Zuschauer empört über Verteidiger", in: *Kölner Stadt-Anzeiger*, 30 April 1986.

„Bleibt Ernst Thälmanns Tod weiterhin im Dunkeln?", in: *Mittelbayerische Zeitung*, 30 April 1986.

„SS-Mann war meistens nur Protokollführer", in: *Frankfurter Rundschau*, 30 April 1986.

„Niemand weiss, wer es war", in: *General-Anzeiger*, 30 April 1986.

„Auch Verteidiger fordert Freispruch für Otto", in: *Düsseldorfer Nachrichten*, 30 April 1986.

Wolfgang Malanowski, „'Gefällige Musik' beim Genickschuss", in: *Der Spiegel*, 12. Mai 1986.

Ingrid Müller-Münch, „Der Mann mit dem 'robusten SS-Gewissen'", in: *Frankfurter Rundschau*, 16. Mai 1986.

„Richter: Otto half bei Ermordung Thälmanns", in: *Westdeutsche Allgemeine Zeitung*, 16. Mai 1986.

„Dunkles Kapitel", in: *Neue Osnabrücker Zeitung*, 16. Mai 1986.

„Lüge entlarvt", in: *Schwäbische Zeitung*, 16. Mai 1986.

„Im Zweifel Strafe", in: *Die Welt*, 17. Mai 1986.

„Die späte Sühne", in: *Kölner Stadt-Anzeiger*, 22. Mai 1986.

Dietrich Strothmann, „Dornen für den Staatsanwalt", in: *Die Zeit*, 23. Mai 1986.

Overath, Margot, „Nicht grausam und nicht heimtückisch...", in: *Vorgänge. Zeitschrift für Bürgerrechte und Gesellschaftspolitik*, 15. Januar 1988.

„Lieber drinnen: KP-Führer Thälmann fühlte sich in Nazi-Haft von seinen Genossen verraten. Stalin und Ulbricht wollten einen Martyrer", in: *Der Spiegel*, 31, 1996.

„Thälmann-Prozess ist abgeschlossen", in: *Augsburger Allgemeine*, 10.Juni 1989.

„Urteil ermuntert Nazis", in: *Flensburger Tagblatt*, 13. Juni 1989.

„Ohne Sühne", in: *Die Zeit*, 2. September 1989.

„Nachruf Wolfgang Otto", in: *Der Spiegel*, 4. Dezember 1989.

Armin Fuhrer, „Ernst Thälmann und der Gastwirt vom ‚Heimathof'", in: *Welt Online*, 10. November 1996.

Werner H. Krause, „DDR-Nostalgie: Zu Besuch bei der Tochter des KP Vorsitzenden Ernst Thälmann. Es fängt wieder alles von vorne an", in: *Junge Freiheit*, 10. März 2000.

Ronald Sassning, „Thälmann, Wehner, Kattner, Mielke. Schwierige Wahrheiten", in: *Utopie Kreativ*, Nr. 114, April 2000.

„Berlin: Irma Gabel-Thälmann: Geb. 1919", in: *Der Tagesspiegel*, 21. Dezember 2000.

Regina Scheer, „Im Schatten des Denkmals", in: *Berliner Zeitung*,14. August 2004.

Personenregister

Bachmann, Kurt 61
Barnewald, Otto 62, 70-71
Baurichter, Kurt 27, 39
Berger, Werner 23, 25, 29, 31, 32, 37, 40, 45, 62, 75, 77, 78-80, 81, 82, 135, 152-153
Bleicher, Willi 78-79
Blum, Léon 12
Boock, Peter-Jürgen 110
Breitscheid, Rudolf 12-13, 64
Breitscheid, Tony 12-13
Brendle, Walter 93
Buchholz, Erich 46-47
Busse, Ernst 24-25, 91-92, 112, 116
Carlebach, Emil 76-77
Demjanjuk, John 137-139
Dreher, Eduard 57, 59, 150
Ebert, Friedrich 10
Eichler, Otto 77, 82-86, 111, 116, 152
Eichmann, Adolf 110
Fischer, Paul 89
Fricke, Werner 13, 38, 45, 62, 80-81, 95, 99, 104-105, 109, 118-120, 125, 136
Friedrich, Jörg 59, 148
Fuchs, Zbigniew 66-70, 90-91, 94, 99, 101, 114-115, 118, 122-124, 154
Gehrling, Rudolf 40-42
Gierlich, Heinrich 54, 148
Gröning, Oskar 138-141
Grossmann, Hermann 44, 53
Grotewohl, Otto 13, 16
Gürtner, Franz 54-55
Gust, Erich 23-25, 127-129, 135
Hammer, 49

Hannover, Heinrich 50-52, 60, 61, 77, 81, 93-96, 102, 104, 106, 107, 109, 111-112-114, 116, 121-123, 125, 128-129, 135, 137, 152, 155
Harster, Wilhelm 50
Hassel, Kai Uwe von 128
Helbig, Hermann 16
Hessen, Mafalda von 13
Himmler, Heinrich 12, 42, 45, 49, 71, 93, 96, 98, 101, 121
Hindenburg, Paul von 10, 142
Hofschulte, Hermann 22-24
Honecker, Erich 127, 129
Hoppe, Otto 88-89
Jaenisch, Johannes 86-88
Kanter, Ernst 55-56, 57, 59
Kaul, Friedrich Karl 32-35, 37, 40, 42-45, 49-50, 127, 133, 146
Kempner, Robert M.W. 50
Kelch, Felicia 92, 116, 118
Kirschbaum, Joe 22, 44, 76
Koch, Karl 28-29, 71, 96, 145
Korsch, Hans Peter 36-38, 40, 45-46, 60, 70, 78-82, 89, 94, 111, 1113, 132-133
Krenz, Egon 127
Kuhn, Harry 24
Landwehr, Ludwig ("Willy") 29-31
Lautz, Ernst 55
Lischka, Kurt 49
Mandel, Ernest 12
Marcelli, Walter 72
Marx, Wilhelm 10
Massfeller, Franz 56- 57, 59
Matthäus, Winfried 49, 51
McCloy, John 26
Mies, Herbert 61
Miller, William 82, 85, 152
Mittelbach, Hans 36-37, 54, 146

Misslitz, Heinz 45
Morgen, Konrad 38, 62, 71
Müller, Josef ("Jupp") 19, 23-24, 45,
62, 66-68, 78, 80-82, 99, 144
Müller-Münch, Ingrid 53
Osche, Ulrich 19, 101, 122-123
Otto, Wolfgang passim
Paul, Heinz-Josef 72, 76, 81, 102
Pfromm, Werner 54, 148
Pieck, Wilhelm 13, 16
Pister, Hermann 13, 15-16, 38-39,
71, 73-74, 95, 99-100, 106, 122,
124
Plümpe, 45-46
Pückert, Wilhelm 25, 53, 54, 77
Rodewald, Hermann 25, 44, 53
Rohde, Hein 19, 23-24, 62, 66, 69-
70, 144
Röseler, Hans-Joachim 61
Rothenberger, Curt 55
Schafheutle, Josef 55, 59
Schi(e)dlausky, Gerhard 23-24
Schlegelberger, Franz 54-55, 149
Schleyer, Hanns Martin 110
Schmidt, Hans 16, 20, 23-25, 71,
74, 77, 100, 125
Schobert, Max 16

Schulz, Richard 38
Sorgenicht, Klaus 127
Spisar, Vladislav 65, 151
Stalin, Josef 11Steinacker, Fritz 72,
93, 95-96, 103, 106, 153
Stobbe, ("Stoppe"), Herbert 19, 23-
25, 41, 62, 66, 68-70, 125, 135, 143
Streit, Josef 43, 45-46
Thälmann, Ernst passim
Thälmann, Irma 32, 40, 49-50, 52,
81, 93, 104, 125, 127, 129-130
Thälmann, Rosa 11, 32, 36-37, 40,
93
Tillmann, Johannes 53
Toeplitz, Heinrich 47
Ulbricht, Walter 11
Waldeck, Josias Prinz zu 16
Warnstedt ("Warnstädt"),
Walter 19, 23-25, 66, 68, 77, 125,
143
Wehner, Herbert 128
Werkentin, Falco 59, 129
Wintrich, Josef 33
Zgoda, Marian passim
Zirpins, Walter 29-30, 145